做人越简单越好

做人不要太复杂，不要太世故，不要太虚伪，不要自欺欺人，不要在错综复杂的人际关系中乱了方寸。做人要简单一些，要以平静的心去对待世间的万事万物，才会让自己从繁琐的生活中，从扑朔迷离的关系中走出来，忘却烦恼，做个快乐的人。人做得简单了，一切事情也就简单了。

本书给你启迪，给你安慰，给你愉悦，给你力量！让我们放下负累，敞开心扉，去过好我们的每一天吧！简单做人，说来容易做来难。其中的深刻和艰难，需要的是思想的精深和灵魂的感悟，需要的是摒弃一切奢求、贪欲和妄想，卸掉一切外衣、面具和伪装。好比一棵树，不去掉无用的枝条，参天的追求永远是空想。

做人越简单越好

返璞归真，让心灵变得纯朴、自然、厚道，才是做人的本真

李世化◎编著

企业管理出版社
EMPH ENTERPRISE MANAGEMENT PUBLISHING HOUSE

图书在版编目（CIP）数据

做人越简单越好 / 李世化编著. -- 北京 :
企业管理出版社，2014.11
ISBN 978-7-5164-0959-6

Ⅰ. ①做… Ⅱ. ①李… Ⅲ. ①人生哲学－通俗读物
Ⅳ. ①B821-49

中国版本图书馆CIP数据核字（2014）第246438号

书　　名：做人越简单越好
作　　者：李世化
责任编辑：杨苏敏
书　　号：ISBN 978-7-5164-0959-6
出版发行：企业管理出版社
地　　址：北京市海淀区紫竹院南路17号　　邮编：100048
网　　址：http://www.emph.cn
电　　话：总编室 68701719　　发行部 68467871　　编辑部 68701408
电子邮箱：80147@sina.com　　zbs@emph.cn
印　　刷：河北华商印刷有限公司
经　　销：新华书店
规　　格：170毫米×240毫米　　16开本　　16印张　　170千字
版　　次：2014年11月第1版　　2019年1月第2次印刷
定　　价：35.00元

社会是复杂的，生活是多变的，节奏是忙碌的，人际是微妙的……似乎世界上的一切事物都处于复杂之中，以至于现代许多人在这种复杂中已迷失得太深、太久，而忘记了简单是一份怎样的惬意。

其实，无论生活多么复杂、工作多么紧张、压力多么沉重，人都可以在主宰自我中有效地进行调节、放松、化解。

有道是，“天下本无事，庸人自扰之。”真正的聪明人，会简单做人。简单是一种美，一种境界。置身其中，便会忘却工作的疲惫，生活的烦恼，人生的忧愁。这于生活、于人生，会减少许多的纷扰和纠缠，随之得到的就是种种的轻松和愉快。少了扰心的杂念和私欲，也就没有了桩桩顾虑和种种考虑，没有了尔虞我诈和勾心斗角。卸载掉了复杂的思想负担，人就会如释重负，心灵便会长出翅膀，飞翔也就变得自由自在和无牵无挂。

如同一个孩子，面对一次赞扬，一个玩具，一块石子，一只蚂蚁……就会让他开心一天一周甚至一个月。这一切，就缘于做人的简单。相对而言，如果人做得复杂了，其他的一切也就变得复杂。复杂的人，凡事总会去求个结果，求个利益，总要去殚精竭虑地思前想后和平衡得失。这样一来，精神没有一刻放松，思想难得一时清净。长此以往，就会陷入沉重，陷入无助，陷入痛苦……以至于不能自拔。快乐，也就成为了天方夜谭。

简单做人，说来容易做来难。其中的深刻和艰难，需要的是思想的精深和灵魂的感悟，需要的是摒弃一切奢求、贪欲和妄想，卸掉一切外衣、面具和伪装。好比一棵树，不去掉无用的枝条，参天的追求永远是空想。

崇尚返朴归真，让心灵变得纯朴、自然、厚道，才是简单做人的本真。用一个简单的微笑，一声暖人的问候，一朵传情的玫瑰，一次深情的拥抱，一次默契的配合……来表达情怀，沟通心灵，诉说衷肠，表述相知，才是人生的自然。

为此，我们编撰了《做人越简单越好》一书，希望看到本书的你在自己的生活中能够懂得：做人不要太复杂，不要太世故，不要太虚伪，不要自欺欺人，不要在错综复杂的人际关系网中作茧自缚。做人要简单一些，要以平静的心去对待世间的万事万物，才会让自己从繁琐的生活中，从扑朔迷离的关系中走出来，忘却烦恼，做个快乐的人。人做得简单了，一切事情也就简单了。

让我们放下沉重的负累，敞开明丽的心扉，去过好我们的每一天吧！

目录

第一章　不伪饰自己：正视内心，坚信自己的潜力

第二章　不苛求自己：做人有性格，做事有风格

第三章　不放弃自己：不可有傲气，不能无傲骨

第四章　不委屈自己：该出手时就出手

第五章　不强迫自己：制定规则而不只是遵守规则

第六章　不看低自己：有自己的主见，有自己的是非标准

第七章　不欺骗自己：做独一无二的自己

第八章　不操劳自己：活得别太累

第一章

不伪饰自己：正视内心，坚信自己的潜力

通常失败感和沮丧感是由于受到打击或害怕承担风险所导致的，而人性中普遍存在着冒险的“动力”本能，在正确发挥作用时，它能驱使我们信赖自己，并利用机会发挥我们自己的创造力。在我们有信心有勇气地行动时，它才有机会发挥出来。因此，不要拒绝创造性地生活，不要拒绝勇敢地行动。有的人不能坦率面对自己的弱点，不愿意亲自试一试，只好拿别的东西当赌注。一个不愿意勇敢地行动的人则往往靠酒来壮胆，以此唤醒内心的信心和勇气是人的自然本能。其实，人应该懂得坚信自己的潜能，活出真实的自我，做个简单的自己。

外圆内方是简单做人的根本

“方”，方方正正，有棱有角，指一个人做人有自己的主张和原则，不被人所左右。“圆”，圆滑世故，融通老成，指一个人做人讲究技巧，既不超人前也不落人后，或者该前则前，该后则后，能够认清时务，使自己进退自如，游刃有余。

如果一个人过于方正，有棱有角，必将碰得头破血流；但是，如果一个人八面玲珑，圆滑透顶，总是想让他人吃亏，自己占便宜，也必将众叛亲离。因此，做人必须方外有圆，圆内有方，外圆内方。

外圆内方的人，有忍的精神，有让的胸怀，有貌似糊涂的智慧，有形如疯傻的清醒，有脸上挂着笑的哭，有表面看是错的对……

“方”是做人之本，是堂堂正正做人的脊梁。人仅仅依靠“方”是不够的，还需要有“圆”的包裹，无论是在商界、官场，还是交友、爱情、谋职等，都需要掌握“方圆”的技巧，这样才能无往不利。

“圆”是处世之道，是妥当处世的锦囊。现实生活中，有的人在学校成绩是一流的，进入社会却表现平平；在学校成绩是二流的，进入社会却当了老板。为什么呢？就是因为成绩一流的同学过分专心于专业知识，忽略了做人的“圆”；而成绩二流甚至三流的同学却在与人交往中掌握了处世的原则。正如卡耐基所说：“一个人的成功只有15%是依靠专业技术，而85%却要依靠人际关系、有效说话等软科学本领。”

真正的“方圆”之人是大智慧与大容忍的结合体，能对大喜悦与大悲哀泰然不惊。真正的“方圆”之人，行动时干练、迅速，不为感情所左右；退避时审时度势，全身而退，而且能抓住最佳机会东山再起。真正的“方圆”之人，没有失败，只有沉默，是面对挫折与逆境积蓄力量的沉默。

在强大的对手高压下，面临危机时，采取藏巧于拙、假装糊涂、扮作“诚实”的智慧，往往可以避灾逃祸，转危为安。面临险境或遇到突发事件时，装傻卖呆，这比临危不惧和视死如归的壮烈要安全得多。留得青山在，不怕没柴烧，以拙诚与对手周旋，确实不失为一种高明之术。

我们常常在报纸上见到穷凶极恶的罪犯窜入老百姓的家里，杀人越货、绑架无辜或逼人做人质的时候，被害人是怎样委曲求全，先以圆滑诚恳的语言赢得罪犯的信任，而伺机在罪犯不在意或误认为在他的胁迫下真的与其合作时，出其不意地逃脱报案或径直击败罪犯。这其实是外圆内方的最好案例。试想，假如面对凶狠的罪犯，暴跳如雷，罪犯不先砍掉你的脑袋才怪呢。只有把“方”先用圆掩盖起来，包藏起来装出很诚实的样子，利用拙笨的诚实稳住对方，充分地运用对方的怜悯之心，使对方不加害自己，才会为以后施展擒拿罪犯的计谋，赢得时间和条件。

这种外圆内方的办法，在历史上就已有之。

《三国演义》中有一段“曹操煮酒论英雄”的事情。当时刘备落难投靠曹操，曹操很真诚地接待了刘备。刘备住在许都，为防曹操谋害，就在后园种菜，亲自浇灌，以此迷惑曹操，放松对自己的注意。一日，曹操约刘备入府饮酒，议起谁为世之英雄。刘备点遍袁术、袁绍、刘表、孙策、张绣、张鲁，均被曹操一一贬低。曹操指出英雄的标准——“胸怀大志，腹有良谋，有包藏宇宙之机，吞吐天地之志。”刘备问：“谁人当之？”曹操说：“天下英雄唯使君与我。”刘备本以韬晦之计栖身许都，被曹操点破是英雄后，竟吓得把匙箸丢落在地下，恰好当时大雨将至，雷声大作。曹操问刘备，为什么把筷子弄掉了？刘备从容俯拾匙箸，并说“一震之威，乃至于此”。曹操说：“雷乃天地阴阳击搏之声，何为惊怕？”刘备说：“我从小害怕雷声，一听见雷声只恨无处躲藏。”自此曹操认为刘备胸无大志，必不能成气候，也就未把他放在心上，刘备才巧妙地将自己的慌乱掩饰过去，从而也避免了一场劫难。刘备在煮酒论英雄的对答中是很聪明的，他用的就是方圆之术，在曹操的哈哈大笑之中，才免去了曹操对他的怀疑和嫉妒，从而最后才能如愿以偿地逃脱虎狼之地。

对于一些有经验的成功人士来说，更是如此，因为他们知道自己的权力再大，毕竟还是有限的，它不可能使所有的人都听命于自己。当自己的管理目标受到权力条件的限制，一时难以完全实现时，他就必须运用计谋，审时度势、权衡利弊，首先制服自己权力可控的对象，暂时稳住还远离自己、鞭长莫及的对象。这在军事学上，叫远交近攻；在处世学上，叫外圆内方；在用人权术上，则是指对“权力影响圈”外的下属作出和蔼可亲、体贴关怀的样子，但对“权力影响圈”内的下属，却严加管制，令人生畏。

总之，人生在世只要运用“方圆”之理，必能无往不胜，所向披靡；无论是趋进还是退止，都能泰然自若，不为世人的眼光和评论所左右。

具备勇气，战胜懦弱

信念和勇气的力量是如此奇妙，以致有的人活了一辈子却从未有过坚定的信念和巨大的勇气，但有的人却能从体内爆发出惊人的力量，而他们做梦也没想过自己的内心深处竟然蕴藏着如此巨大的力量。

懦弱是人生的大敌，你的人生不应该懦弱。相反，你应该具备挑战未来的勇气和能力，必须培养和树立坚定的信心，才有可能勇敢地去做自己想做的事，否则会畏首畏尾，永远走不出黑暗。不论遇到什么问题，哪怕是面临失败，我们都不应该灰心丧气，要勇敢地正视它，以积极的态度寻找解决的办法。一旦问题解决了，我们的自信心也会为之大增，才能具备挑战未来的勇气。

自我暗示有助于你向懦弱宣战。当你察觉到自己性格中有懦弱的一面时，当你因为懦弱而误了很多大事时，你就应该不断地对自己说："我要像藏獒一样勇往直前，我比任何人都勇敢，没有人可以击败我。"经常反复地跟自己这样说，就等于你在不断地把健康有益的观念输入自己的潜意识，时间长了，这些健康有益的观念就会改变你的人生态度，使你变得像藏獒一样勇往直前，具备了挑战未来的勇气。

美国著名将领巴顿青少年时代就雄心勃勃，心存大志，发誓要成为一名勇往直前、毫不畏惧的将军。

小时候，巴顿发现自己虽然勇敢，但在危险面前也并非毫无顾虑。因此，他决定锻炼自己的胆量，克服隐藏在自己内心深处的恐惧心理，并时刻以“不让恐惧左右自己”自勉。

在西点军校学习期间，他有意识地锻炼自己的勇气。在骑术练习和比赛中，他总是挑最难跨越的障碍和最高的栅栏。在西点军校的最后一年里，有几次狙击训练，他突然站起来把头伸进火线区之内，要试试自己的胆量。为此，他受到了父亲的责备，而巴顿却满不在乎地说：“我只是想看看我会有多害怕，我想锻炼自己，使自己不再胆怯。”

就这样，巴顿的性格变得异常勇猛无畏，而且自始至终地贯穿于他的军事生涯。

1944年6月，西方盟国与法西斯德国之间的最后大决战以诺曼底登陆为先导打响了。在随之而来的一系列重大战役中，巴顿充分发挥装甲部队快速、机动和火力强大等特点，采取长途奔袭和快速运动的战术，以超常规的速度在欧洲大陆上大踏步前进，不顾一切地穷追猛打，长驱直入，穿越法国和德国，最后到达捷克斯洛伐克。

巴顿是在极其艰难的情况下向前推进的，他曾直率地告诉自己的下属，他要对付的“敌人”有两个——德军和自己的上司！对于战胜德军，巴顿满怀信心；对于能否“制服”自己的上司，他却没有把握。但是有一点巴顿从未动摇过：“我们一分钟也不能耽搁，速度就是胜利！”在巴顿的鼓舞下，全体将士士气高昂，斗志旺盛，每个人都强烈地渴望向莱茵河进军，他们的直觉告诉自己：如果继续前进的话，没有任何力量可以阻挡。

在推进过程中，巴顿抓住一切战机迅速果断地围歼敌军。在281天的战斗中，巴顿率领的部队解放了130座城镇和村落，歼敌140余万，为解放法国、捷克斯洛伐克等国家并最终击败纳粹德国立下了汗马功劳。

巴顿创造的战绩是巨大的，也是惊人的。正如驻欧洲盟军总司令艾森豪威尔将军在战后所说：“在巴顿面前，没有不可克服的困难和不可逾越的障碍，他简直就像古代神话中的大力神，从不会被战争的重负压倒。在二战的历次战役中，没有任何一位高级将领有过像巴顿那样神奇的经历和惊人的战绩。”

在作战方面，巴顿堪称世界现代战争史上最杰出的战术家之一，其主要特点是勇敢无畏的进攻精神。巴顿特别强调装甲部队的大范围机动性，尽一切努力使部队推进、推进、再推进。巴顿在战斗中的一句口头禅是：“要迅速地、无情地、勇猛地、无休止地进攻！”有时，他下令：“我们要进攻、进攻，直到精疲力竭，然后我们还要再进攻。”有时，他对部下说：“一直打到坦克开不动，然后再爬出来步行……”正是这种勇敢无畏的进攻精神，使得巴顿率领的部队在战场上所向无敌，无往而不胜。

巴顿的勇猛无畏，使他赢得了“血胆将军”的称号，并因在二战中立下赫赫战功而被授予“四星上将”的军衔。

世界著名成人教育学家卡耐基说：“我们每个人的生活面貌都是由自己塑造而成的，如果我们能学会接受自己，看清自己的长处，明白自己的短处，便能踏稳脚步，达到目标。”

事实上，每个人生来的素质都差不多，别人能做成的事，你也能做成。一切艰难和困苦，都要由自己承担，不要推卸责任，要勇于承担一切。你应该有充沛的精力和伟大的魄力，要鼓起勇气，下定决心，与一切懦弱的思想作斗争。只有这样，你才能激发进取的勇气，才能感受生活的快乐，才能最大限度地挖掘自身的潜能。生活中的恐惧和不安，其实都是因为你的勇气不足，一旦获得了勇气，很多问题便能迎刃而解了。

勇气来自于正气，正气是勇气的基础，无论是谁，只要他掌握了正气，也就掌握了主动权，掌握了无穷的力量。在正气面前，在公众利益面前，只要你有理在手，一定可以战胜邪恶。

或许有时命运会将我们置于忍无可忍的痛苦深渊，那个时候我们也要磨炼自己的意志，强化自己的信念，你要知道信念有压倒一切的力量。在我们的内心深处，要永远保持“坚持到底就是胜利”的信念。当你历尽艰辛仍前途渺茫，甚至走投无路、万念俱灰时，不屈的信念会给你的情感以温暖，给你的意志以鼓舞，给你的精神以引导。没有任何一种生活是十全十美的，但只要有坚定的信念，就没有改造不了的自我，就没有逾越不了的屏障，就没有抵达不了的彼岸。树立远大的目标，发掘自我的潜能，那么，所有瞻前顾后的疑虑、驻足不前的懦弱和逆来顺受的消极统统都会被我们置于脑后，我们将获得无坚不摧的信心和勇气。

藏獒是顽强的，能够适应自然环境极端严酷艰苦的高原生活，是真正的高原主人；藏獒是坚忍不拔的，可以忍受千般苦难，甚至不需要一个屋顶；藏獒是英勇无敌的，可以迅速击败群狼。而这一切都基于藏獒的坚定信念和巨大勇气：勇于挑战自我，无所畏惧、永不退缩地去行动。

无论你的一生是平淡还是辉煌，无论你是长成大树还是小草，无论你是杰出还是平庸，这一切都取决于你的信念，取决于你的勇气。你应该相信自己的潜在优势，增强自信心，消除懦弱感。胆小的人，他们真正的敌人是自己。一个进取的人，必须具备英勇无畏的品格和超人的创造力。在人类历史上，只有那些相信自己、英勇无畏而又富有创造力的人，才能成就伟大的事业。

做个不受气的人

生存，只要你显示出你是一个不受欺侮的人，你就能够做到不受气。或许你不必处处睚眦必报，只要你能抓住一两件事，大做文章，让冒犯者尝到你的厉害，你就立刻能收到一种“杀鸡儆猴”的效果，以起到某种普遍性的威慑作用。这就好像是原子弹的发明，除了在“二战”中牛刀小试外，没有在战后的任何一次战争中使用过，但它的威力却是有目共睹的。只要你拥有了原子弹，即使不去使用它，也会对他人产生震慑作用。

做人，首先不能一味顺从他人。

一味顺从是很危险的，这样会阻碍人们营造出和谐与畅通无阻的人际关系。在与人交往中，要敢于拒绝，不要过多地自责以及过多地退让。

有些人，对别人的任何要求或命令都采取无条件的同意，驯服的态度已形成一条铁律，他们不愿让他人失望，因此，害怕激起请求者的恼怒与怨恨；他们希望自己做到“百依百顺”“有求必应”，从而塑造和维护自己的老好人和大能人的形象；他们觉得“不”是一种无礼和否定，假如想与人和平相处，“不”字就不能出口。长期如此，他们不仅一直不说“不”，就算想说时，也不知如何去说。

是否一味地迎合、满足他人的要求，就能营造出和谐顺畅的人际关系呢？

当然不是。由于不会拒绝而一味地说“好”，事后一方面会为勉强承诺而自找麻烦——接受你并不喜欢去的邀请、买一些你完全不需要的商品、忍受你本来不欢迎的造访、做许多违背你原则的事……你勉为其难地做这些事，满怀厌恶和沮丧。这些厌恶、沮丧反而会损害你的人际关系。另一方面，你会因此在生活的大部分时间都感到苦恼、失望和愧疚，你感觉无法主宰自己的生活。你以一副虚假的面孔，滔滔不绝地说着谎话，你的形象是如此的苍白。以这种形象去与人交往，又怎能为人所尊敬呢？有的时候明知无法办到，却答应下来，浪费了自己大量的时间和精力却无济于事，很容易招致委托人的恼怒——因为你误了人家的事。

做人，要树立不易受欺侮的形象。

树立一个自信、泼辣的形象，是确保自己不受欺侮的一条很重要的处世技巧。所谓的泼辣，便是敢说有的人不好意思说出口的话，敢为有的人不好意思表现的举动。敢拼敢干，口才好，因此，很少有人敢引火烧身，自讨没趣去招惹你。这一形象在时时刻刻提醒那些恶人，欺侮我是要承担后果并付出代价的。总之，树立一个自信、强悍的形象是十分重要的，有了这一形象，就好比是种下了一棵大树，从此，你便可以在树阴下纳凉了。

塑造实力派形象，就是平时就要注意展示你雄厚的力量，比如，令人羡慕的专业本领、广泛的人际关系网等，这些都会在周围的人群中造成一种印象，即，你是一个能量巨大的人，不发威则已，一旦发威则后果难当。因此，人们一般不敢招惹这类人物，持有这种形象的人也很少受气。

做人，要该出手时敢出手，不纵容恃强凌弱者。

假如面对恃强凌弱者，放弃反抗，逆来顺受，忍气吞声，只会使对方得寸进尺。只有勇于反抗，敢于斗争，才能使自己成为强者。

人类社会与动物界相似，时有“弱肉强食”的现象发生。一类人总爱处处占他人的便宜，凌驾于弱者之上；而另一类人就是所谓的“受气包”，很自然地成了前者嘴里的肉。世界上没有天生的“受气包”，那些经常成为众人发泄对象的人，之所以在不受气的道路上迈不开步子，往往是因为他们首先用自己的左脚踩住了右脚。他们在第一次受气时就放弃了反抗的企图，这一行为的反复便会形成一种心理定式和社会交往模式，即，你觉得自己可以忍受这种逆来顺受的生活，而他人则认为你就应该逆来顺受。因此，你受过的气越多，你就越可能受更多的气。

怎样突破这种恶性循环呢？那就是要勇敢打破第一次。真正地进行一次反抗，让对方认识到你并不是天生就该受别人的气。

很多人选择了忍气吞声的生存方式，往往是由于他们患得患失，怕这怕那，在主观上吓倒了自己。而无数的事实证明，挺身而出，捍卫自己的正当权益，其实是再自然不过的事，跨过这道门槛，你会发现，没有什么大不了的，卸掉了精神包袱，你反而会活得更加自在。

不敢进行第一次反抗，就不会有第二次反抗的发生，因为你永远不知道新世界的滋味有多么美好。而有了第一次的反抗，尝到了其中的美妙，你自然就有动力去进行更多次的反抗。久而久之，你就会修正你的心理模式与社会的交往方式，由一个甘心受气、只能受气的人，变成一个不愿受气也不会受气的人。

做人要机智灵活

当今社会是一个激烈竞争的社会，竞争者为了跻身到竞争前列，无不使出浑身解数，激烈的角逐和竞争。生活在这样一个变化的社会，需要人们具有最灵活、最敏捷的应变能力，审时度势，纵观全局，及时做出可行、有效的决策。

种子落在土里长成树苗后最好不要轻易移动，一动就很难成活。而人就不同了，人有脑子，遇到了问题可以灵活地处理，用这个方法不成就换另一个方法，总有一个方法是对的。做人要学会变通，不能太死板，要具体问题具体分析，前面已经是悬崖了，难道你还要跳下去吗？不要被经验束缚了头脑，要冲出习惯性思维的樊笼，执著很重要，但盲目的执著是不可取的。

在各种经营活动中，机智是一笔大资产。

由于人们缺乏机智、不能随机应变而造成的错误与损失，不知道有多少。许多人因为缺少机智而糟蹋了自己的才能，或是运用自己的才能时不得其法。还有很多种情况，由于缺乏机智，以致伤害了朋友的感情；由于缺乏机智，商家失去了他们的顾客；由于缺乏机智，律师减少了他们的业务；由于缺乏机智，作家得不到读者的支持；由于缺乏机智，牧师引不起信徒的注意；由于缺乏机智，教师失去了学生的信赖；也是由于缺乏机智，政治家失去了民众的拥护。

美国威克教授曾做过一个有趣的实验：

把一些蜜蜂和苍蝇同时放进一只平放的玻璃瓶里，使瓶底对着光亮处，瓶口对着暗处。结果，那些蜜蜂拼命地朝着光亮处挣扎，最终气力衰竭而死，而乱窜的苍蝇竟都溜出细口瓶颈逃生。这一实验告诉我们：在充满不确定性的环境中，有时我们需要的不是朝着既定方向的执著努力，而是在随机应变中寻找求生的路；不是对规则的遵循，而是对规则的突破。我们不能否认执著对人生的推动作用，但也应看到，在一个经常变化的世界里，灵活机动的行动比有序的衰亡好得多。

只知道执著的蜜蜂走向了死亡，知道变通的苍蝇却生存了下来。执著与变通是两种人生态度，不能单纯地说哪个好哪个坏。单纯的执著和单纯的变通，二者都是不完美的。只有二者相辅相成才能取得最后的成功，我们要学会执著与变通二者兼顾。

随机应变，灵活变通是一种智慧，这种智慧让人受益匪浅。

一个人即使才高八斗，假如他缺少足够的机智，不能随机应变、权衡利弊，不能在恰当的时候说恰当的话、做恰当的事，那么他就不能最有效率地发挥自己的才干。

受过高等教育的人，或者在专业方面具有高深造诣的人，往往由于缺乏机智，事业一无进展。一个人假如有了机智，再加上坚毅努力的精神，便可以使事业有大的进展。

一个机智的人，不但能利用他所知道的东西，并能善于利用他所不知道的东西，他还能用巧妙的方法来掩饰他无知愚拙的方面，这样的人通常更易得到他人的信赖与钦佩。

一般人之所以缺乏机智，一则是由于他们不识时务，二则是由于他们思想不敏锐。

机智的人善于交际，能迎合他人的心理。这种人初次与人会面，就能找出对方感兴趣的话题，并将其提出来作为谈话的资料。他们不会过多谈论关于自己的事情，因为他们深知，对方最感兴趣的莫过于他们自身的事情和希望。而不机智的人就不是这样，他们只喜欢谈及自己感兴趣的事情，常常不顾及他人的感受。于是，这样的人便常为朋友们所不喜欢。

机智的人即便对于不感兴趣的事，也不会轻易在表面上显露。而那些有怪癖的人，往往最容易得罪他人。这种人假若加入一个团体，也一定不为大众所欢迎，不是受到冷遇，便是自讨没趣。

要说种种优良品质，机智可能算得上是最紧要的。机智的人，对于一切事情都能随机应变、处置得当，这样的人才能利用适当的机会，发挥自身的潜能。

在处理问题时，我们总是习惯性地按照常规思维去思考，假若我们能够学会灵活变通，那么你会发现“柳暗花明又一村”。

不仅思考问题要这样，在工作上也应该这样。与人相处时特别要注意灵活变通。他们为什么能成功？其中一个重要因素就是灵活变通。所谓灵活变通与弹性处理，跟滑头性格与做事没有原则是不相同的。因时制宜，在某种特定环境之下，配合需求，设计出最好的可行方案，这就是所谓弹性处理。分明已经改了道，此路不通，还偏偏要照旧时那个法子把车开过去，这不是坚持原则，而是蛮干。

那么，怎样培养机智呢？一个作家曾经巧妙地写道：

“对于人类的天生性情，比如恐惧、弱点、希望及种种倾向，都要表示同情。”

“对于任何事情，都要设身处地地思考。在考虑事情的时候，要顾虑到他人的利益。”

“表示反对意见的时候，不应该伤害到他人。”

“对于事情的好坏，要有迅速的辨别力。必要之时，做必要的让步。”

“切勿固执己见，你要记住，你的意见只是千万种意见中的一种。”

“要有真挚仁慈的态度，这种态度，能够化敌为友。”

“无论怎样难堪的事，要乐意承受。”

“最重要的，便是有温和、快乐和诚恳的态度。”

相信自己：你并不比别人卑微

我们几乎随处都能见到这样的人，他们一生都做着简单而平常的事，他们似乎也因此就满足了，但实际上他们完全有能力做一些更高级的事，他们不相信自己能胜任。

很多人没有足够的进取心来开创伟大的事业，因为他们的期望值很低，因此，不可能从一点一滴做起开创一项伟大的事业。生活目标的狭隘限制了他们确立宏大的进取心。

米开朗基罗在写给拉斐尔工作室中的一副精巧塑像的一句话是“做一个更了不起的人”。

正是雄心壮志使得美丽的人生有了可靠的基石。它督促我们去完成目标，帮助我们抵抗那些足以毁灭我们前途的诱惑。

假如人类没有创造世界和改进自身条件的雄心壮志，世界将会处在多么混沌的状态啊！

与为了实现雄心壮志而进行的持续努力相比，没有什么东西可以如此地坚定我们的意志。它引导我们的思想进入了更高的境界，把更加美好的事物带进了我们的生命。

歌德说：“人的一生中最重要的就是要树立远大的目标，并且以足够的才能和坚强的忍耐力来实现它。”

有什么比追寻生命价值更高尚的理想呢？在雄心壮志的激励下，失败几乎是不可能的。在不同的文明下，人们的理想也不同。一个人或一个国家的理想与其现实条件和未来发展潜力是相关的。

在人的一生当中，总会遇到各种困难与挫折。在这种情况下，要勇敢地对自己说声“我能行”！

每个人都渴望得到成功，但是在成功路上总会充满荆棘，假若你放弃，那么，你永远不会成功。只有不断地坚持，告诉自己我能行，那么你一定有一天会得到成功。

卡耐基说过：“要想成功，必须具备的条件是：欲望以提升自己，毅力以磨平高山，以及相信自己一定会成功。”永远地相信自己，这不是说说那么简单的。假若你真的能做到，那么你离成功已经不远了。

假如你的动力足够大，那么与之匹配的能力也将随之而至。假如你面前有一项十分有吸引力的奖品在激励着你，那么，你一定可以变得更加敏捷，更具有创见，更加细致而勤奋，更加机智而思虑周全，而且会有更加稳健清晰的头脑，你也一定会获得更好的判断和预见力。

“无论你拥有怎样的雄心壮志，都请你集中精力为之努力，而不要左顾右盼，意志不坚。”不要给自己留退路，一心一意为了理想而奋斗。只有集中精力才能获得自己想要的成功。

每个人都有巨大的潜能，只是有的人潜能已苏醒了，有的人潜能却还在沉睡。任何成功者都不会是天生的，成功的根本原因是开发出无穷无尽的潜能。只要你抱着积极的心态去开发你的潜能，你就会有用不完的能量，你的能力就会越用越强，你离成功也就会越来越近。相反，如果你抱着消极的心态，不去开发自己的潜能，任它沉睡，那你就只能自叹命运的“不公”了。

曾经一个人在高山之巅的鹰巢里捉到了一只幼鹰，他把幼鹰带回家，养在鸡笼里。这只幼鹰和鸡一起啄食、嬉闹和休息，它以为自己也是一只鸡。这只鹰渐渐长大，羽翼丰满了，主人想把它训练成猎鹰，但是，因终日与鸡混在一起，它已变得和鸡完全一样，根本没有飞的本能了。主人试了各种办法，都毫无效果，最后把它带到山顶上，一把将它扔了下去，这只鹰，像一块石头似的，直掉下去，慌乱之中它拼命地扑打着翅膀，就这样，它终于飞了起来！

或许你会说："我已经懂你的意思了。但是，它本来就是鹰，不是鸡，它才能够飞翔。而我，也许本来就是一个平凡的人。因此，我从来没有期望过自己能做出什么了不起的事来。"这正是问题的所在——你从来没有期望过自己做出什么了不起的事来！这是事实，那就是我们只把自己定在自我期望的范围内。

爱迪生曾经说过："如果我们做出所有我们能做的事情，我们毫无疑问地会使自己大吃一惊。"

无论遇到什么样的困难或危机，只要你认为你行，你就能够处理和解决这些困难或危机。对你的能力抱着肯定的想法，就能发挥出积极的力量，并且由此产生有效的行动，直至引导你走向成功。

自我发掘的决心，自我依靠的习惯，可以让你变得越来越强大。拐杖是为跛足者准备的，而不是为强壮的年轻人，无论是谁，假如企图依靠精神上的拐杖走过人生，他一定不会走得很远，他也绝不会成为一个伟大的成功者。

成功殿堂的大门，不是任意通行的，每一个进入者都拥有自己精心打造的钥匙。开启成功之门的钥匙，必须由你自己亲自来锻造。锻造的过程，就是释放你的潜能、挖掘你的潜能的过程。假如你见了生人就害羞；假如你惧怕新的陌生环境；假如你经常觉得担忧、焦虑和神经过敏；假如你有类似的面部抽搐、不必要的眨眼、颤抖、难以入眠等"紧张症状"；假如你畏缩不前、甘居下游，那么，你对自己个性的压抑太严重了，你对事情过于谨慎和"考虑"得太多，限制了你的潜能的释放。

"压抑个性"是对个人潜能的一种压抑，具有"压抑个性"的个人不能表现内在的创造性自我，因而显得停滞、退缩、禁锢、束缚，拒绝表现自己、害怕成为自己，把真正的自我紧锁于内心深处，思维也几乎陷于停顿。这样潜能不但没有释放，反而消耗在终日疲惫不堪的状态中。

要相信自己，自己并不卑微，要勇于向他人证明自己的能力。

对自己有坚定的信心

我们无时无刻都在向人们展现我们的信心，无时无刻都在表现我们的希望与担忧。我们的名望以及他人对我们的评价，将会与我们的成功息息相关。假如他人不相信我们，假如他人因为我们经常表现出缺乏自信、消极软弱而认为我们无能和胆小，那么，我们将不可能得到他人的信任与支持并因此而获得成就。

假如我们养成了一种坚定自信的习惯，那么人们就会认为，我们将会比那些缺乏自信或那些给人以软弱无能、自卑胆怯印象的人更有可能赢得成功。

自信为什么能够让一个平凡的人走向辉煌？自信为什么能够成就傲人的伟业呢？

对于连锁机构遍布全球的高档酒店——希尔顿，几乎无人不知，无人不晓。但你可曾知道它的创始人——世界酒店大王希尔顿，在开始创业时仅有200美元资金。那你可能会问是什么使他获得了那么大的成功？所有的答案只有两个字“自信”。

创业初，希尔顿把眼光瞄准了酒店业。他几乎没有任何启动资金，但强烈的自信让他预感到了他将会成功。因此，他就凭其自信的言行四处游说，希望那些银行家和风险投资商们能为他的项目注入资金。最终，在希尔顿强烈自信心的感染下，再加上他的项目本身的切实可行，许多金融家纷纷投资。

有了资金作为铺垫，项目很快被启动。但就在酒店建设进行到一半时，有一个投资商由于听信了谣言而对希尔顿产生了怀疑，并嚷着要撤出资金。稍微有些金融常识的人都知道，假如这时有人突然撤资，很可能会引起雪崩般的连锁反应，到时一看形势不好可能所有的投资人都会提出这种要求。由于当时许多资金已经投入进去，希尔顿已经没有能力去全部偿还那笔钱，到时资不抵债的他很可能会被起诉。

面对这突然的变故，自信的希尔顿却冷静如常、镇定自若。他提前准备好了大量的现金和支票，把那个吵着要撤资的投资商请了过来，然后开诚布公地问他：想要现金还是支票？来人看到了希尔顿那里满抽屉的现金与支票后，仍然不为之所动。希尔顿又对他说："等你走时，假如你还是要坚持撤回投资，那就现金支票任你选。"无疑，希尔顿的这番信心十足的话语，起到了一定的作用，那个人一时不再谈论要回投资的事。看着自己已稳住了对方的情绪，希尔顿又乘胜追击，但并没有去直接反驳他以让他收回撤资的决定，而是入情入理地为他分析道："你看，现在项目已经展开，如果按预定的计划进行下去，你一定能够得到应有的投资回报。但如果你这时宣布撤回投资的话，那么，你不仅得不到收益，而且还会因为破坏合同而必须进行赔偿，将会更加得不偿失。"那个人最终被希尔顿的自信乐观所感染，决定继续进行投资，酒店的建设也得以顺利进行，希尔顿的事业从此蒸蒸日上。

信心能够感染你周围的人，更能给你带来成就和财富。假如你是位领导者或发起人，你的信心将会直接影响下属和合作者的信心，尤其是在关键时刻，就更应该表现出你的自信与冷静。假如你本人都已丧失了信心，其他人一定会更加慌乱，更加不知所措。

换言之，自信与他信几乎同等重要，要使他人相信我们，我们自身首先必须展现强烈的自信和必胜的精神。

以自信心态自居的人，以胜利者心态生活的人，以征服者心态傲行在世界上的人，与那种以缺乏自信、卑躬屈膝、惟命是从的被征服者心态生活的人相比，他们的人生之路将会有天壤之别。

当时拿破仑兵败被流放到一个小岛上，从那儿逃出来后，国王又派人去抓他，拿破仑的几个贴身随从看到那些国王的士兵已近在眼前，都劝他快跑，而拿破仑却说："我是他们的元帅，他们都是我的部下，我不跑。"拿破仑不仅没有逃跑，反而表现出了非凡的自信，还以元帅的气度去命令指挥他们，结果那些士兵反而倒戈跟随他回去打国王了。

世人都会青睐那种极具自信且有胜利者气度的人，总是喜欢那种给人以必胜信心并总是在期待成功的人。

令人信服和给人以充满活力形象的正是我们身上那种神奇的自我肯定的力量。假如你的心态不能给你提供精神动力，那么，你就不可能在世上留下一个自信者、积极者的美名。一些人总是奇怪自己为什么在社会中如此卑微，如此不值一提，如此无足轻重。其中的原因就在于他们不能像自信者、征服者那样去思考，去行动。他们没有自信者、胜利者或征服者的心态，他们总给人以软弱无力的印象。要知道，思想积极的人才富有魅力，思想消极的人则使人反感，而胜利者总是在精神上先胜一筹。

还有一些人往往给我们留下这种印象，虽然他们没有取得成功的十分把握，但他们却能凭借其非同寻常的自信与积极良好的心态，而能够超常发挥，出奇制胜。

假如我们具有一种无与伦比的自信，假如我们展示给人的是一种自信、勇敢和无所谓的形象，那么，我们的事业必将会获得巨大的成就。

自信的人总会成功。这不是因为他们有什么特殊的才能，而是因为上天偏爱自信的人。请记住：只有内心才能影响我们，其他所谓的外部条件都只是懦弱者的借口。这是人类心理的一条基本规律。

不要低估自己的能力

古人云："知人者智，自知者明。"所谓"自知"，是指正确认识、评价自身的实力与局限，正确选择力所能及之职。但对我们大部分人来说，"自知"似乎仅仅意味着知道自己的不足和不能，总是抱着"自知者明"的教条为自己推脱："我不行，干不了"，"没办法，我就那样"，"我没法跟他人友好相处，逢谁跟谁吵"……这种种消极的言词，事实上就是一次次无形的自我打击。

人类最大的弱点就是自贬身份、低估自己的能力，亦即廉价出卖自己。这种毛病在很多方面显示出来。

几千年来，无数的思想家忠告我们：要认识自己。可是人们总是把它理解为"仅认识自己消极的一面"，对自己的长处与优点却不会利用条件充分地将其发扬光大。

认识自己的缺点是很好的，可借此谋求改进。但假如只认识自己的消极面，就会陷入混乱，对自己毫无信心，觉得自己毫无价值。要诚实、全面地认识自己，绝不要看轻自己。

经济学博士、拥有14家上市公司、拥有极高经营手段的亿万富翁艾尔宾·菲特纳先生曾说："无论是获得财富或其他各领域的成功，冒险都是不可避免的。"

菲特纳先生有个下属，深通说服之术，而且，他对自己所销售的商品十分有信心，因此再有难度的业务，他也能谈成功。在进入公司很短的时间内，他就展现了极其惊人的业务能力和相应的成绩。菲特纳先生破例地除了周薪之外，另外发给他一笔800美元的奖金。当天，那人兴冲冲地回家了。不料第二天却来了个翻天覆地的变化，令菲纳特先生很震惊，因为那人竟然对菲特纳先生说："董事长，昨晚我和妻子长谈了一夜。因为上周我的业绩有许多运气成分，我想，运气不会总这么眷顾我的，我太太也很担心，万一这星期我连一份契约都签不到，那该怎么办？她甚至担心得哭了起来。因此，我想和你商量收回本周的奖金，不要按件计酬，能不能固定每周给我300美元的周薪？当然，以后我还是会和上周一样努力工作的。因为我认为，我是有家室的人，安定的生活是最重要的……"

之后，菲特纳先生针对这个问题，以毫不犹豫的口吻说："当然要开除他！一个对自己的能力毫无自信的人，迟早是会失败的。他努力工作，只是想要过安定的生活。而事实上，他具备了能够给自己保证的一切能力，却只为了'安定'，要求较低的报酬。除此之外，并无其他。不要为了退休后少许的退休金而迷惑，要有一种激情般的内心去迎接所遭遇的一切挑战。"

其实我们并不差，只是我们的心态发生了问题，例如，妄自菲薄，一概而论，只看消极的不看积极的，毫无缘由地责怪自己……每天我们都会发现，很多人不再努力了，因为他们对自己失去了信心。他们小看自己，总觉得自己渺小，什么都不行，而正因为他们这么想，他们真的变成了想像中的那种人。他们需要重新振作起来，重新认识自己，对自己充满信心。

我们要提高对自我的评价，对自己做全面正确的分析，多看看自己的长处，多想想成功的经历，而不要拿自己的短处比他人的长处。假如每个人都不停地与他人比较，受他人的影响，甚至试图仿效他人，就不会有真正的自我与快乐。每个人的优缺点都不同，只要你认识到自己确实有不足并努力改善，也认识到自己有不少他人没有的优点，就会取得心理平衡。

在自己的外在条件确实不尽如人意时，可以通过扩大自己的内在修养来补偿，用心灵的闪光来补偿缺陷和不足。例如，有的人虽然其貌不扬，甚至很丑，但是心地善良，为人正直，才华横溢，因而也赢得了人们的好感和尊敬；有的人学历不高，背景不强，可是却能通过自己积极的努力来充实自己的内在修养，孜孜不倦，从而改变自己的劣势等等。外在的改变能带来信心的增强。

当我们在前进道路上遇到种种曲折时，理性应该时刻以它的光辉为我们指明方向。在困难与问题面前，我们不要盲目轻信直觉，为自己妄下断语而阻断前进的路途。试想一下，假如有人问你是否能把鞋带系好，你肯定会信心十足地回答：“没问题。”为什么你可以回答得那么肯定呢？因为你已经成千上万次做过这件事了。同理，若想进入自己始终还没有接触过的领域并有所成就，你就一定要树立取得成功的信心，并不断地从多方面练习自己的信心，学习想像且感受那份自信。

假如你有意退却，请冷静下来，先认真分析一下有没有理由。假如是感觉自己不行，就问自己为什么不行，不要说“上次也是这样，我真的不行”之类消极的话。想想最初的情况，当时你并没有接触过这样的问题，也没有遇到过类似的困难——自己根本就毫无经验。你在没有做任何准备的情况下进行了初次尝试，当时你唯一得到的帮助便是他人对此事的描述，你甚至只是凭自己的想像行事。可这次不同了：有了上次切身的体验，你总结了经验与教训，正好轻车熟路地大干一番而且肯定可以成功的——为什么反而要退却呢？

因此，每个人都不应该低估自己的能力，遇到事时不要去想怎样去逃避而是怎样去面对。

对自己寄予厚望

在这个世界上，每个人都是独一无二的，因此，你应该相信自己，相信天生我才必有用。

你所做的事，他人不一定能做得到；而且，你之所以是你，必定有些相当特殊的地方，我们暂且称之为特质，而这些特质又是他人无法模仿的。要是你不相信的话，不妨想一想：有谁的基因会和你完全相同？有谁的个性会和你的一丝不差？

基于这种种重要的理由，我们相信：我是他人无法取代的。

只要你认准了路，确立好人生目标，然后向着目标心无旁骛地前进，相信你一定会到达成功的彼岸。

当然，不要幻想生活总是那么圆满，也不要幻想在生活四季中永远享受春天，每个人的一生都注定跋涉沟沟坎坎，品尝苦涩与无奈，经历挫折与失意。

1862年9月，美国总统林肯发表了将于次年1月1日生效的《解放黑奴宣言》。在1865年美国南北战争结束后，一位记者去采访林肯。他问：“据我所知，上两届总统都曾想过废除黑奴制，《宣言》也早在他们那时就起草好了。可是他们都没有签署它。他们是不是想把这一伟业留给您去成就英名？”林肯回答：“可能吧。但是，假如他们知道拿起笔需要的只是一点勇气，我想他们一定非常懊丧。”林肯说完后匆匆走了，记者一直没弄明白林肯这番话的含义。

直到1914年林肯去世50年后，记者才在林肯留下的一封信里找到了答案。在这封信里，林肯讲述了自己幼年时的一件事：“我父亲以较低的价格买下了西雅图的一处农场，地上有许多石头。有一天，母亲建议把石头搬走。父亲说，假如可以搬走的话，原来的农场主早就搬走了，也不会把地卖给我们了。那些石头都是一座座小山头，与大山连着。有一年父亲进城买马，母亲带我们在农场劳动。母亲说：‘让我们把这些碍事的石头搬走，好吗？’于是我们开始挖那一块块石头。不长时间就搬走了。因为它们并不是父亲想像的小山头，而是一块块孤零零的石块，只要往下挖一尺，就可以把它们晃动。”

林肯在信的末尾说：“有些事人们之所以不去做，只是他们认为不可能。而许多不可能，只存在于人的想像之中。”

常言道，世上无难事，只怕有心人。没有翻不过的山，也没有趟不过的河。只是因为不相信自己能力的人多了，世界上才有了“困难”这个词语。

生活中的不幸，是人生不可避免的，而这些不幸早晚都会过去的，时间会冲淡痛苦的感觉。把“这没什么了不起”这句话在心中重复几次，决不能因不幸的打击，就变得憔悴万分，而应该不再痛苦，振作起来，干你自己该干的事。

但是，有时候他人或者整个大环境会怀疑我们的价值，所谓“三人言而成虎”，久而久之连我们都会对自己的重要性感到怀疑。请你千万千万不要让这类事情发生在自己身上，否则你会一辈子抬不起头来。

记住，你有权利去相信自己，因此，请大胆地去做吧！并且始终坚定不移地相信：我一定行！

20世纪心理学上最伟大的发现，就是一个人可以通过自我肯定，来塑造一个真实的自己。

要充分肯定自己，你认为自己是怎样的人就会有怎样的表现，这两者是一致的。你认为自己是个有价值的人，结果你就会变成个有价值的人，做有价值的事。

乔爱斯博士是一位很有名的专栏作家与心理学家。他说："一个人的自我观念是人格的核心，它会影响人的行为，例如学习、成长与变化的能力，选择朋友、配偶与职业等等。坚强的积极的自我形像，是成功的最坚实的基础。"

他还说："虽然命运和我开了个太大的玩笑，比如遭遇车祸受伤，比如高考失误让我有坠入谷地的痛楚……但玩笑之后，我懂得珍惜青春与生命，学会笑对人生中的不幸与苦难。因此有个曾供职于《东方》文化周刊的编辑说我是个'强者'，'强者'我不敢当，但我还算是个足够坚强的人。"无论多少压力冲向自己，我都时时告诫自己："不能够停止飞翔，在飞行的过程中，我要渐渐学会喙自己的羽毛，用舌添自己的伤口。"

你如果希望自己变成更有自信的人，你就可以经常想：我是最棒的！我是最好的！当你脑海中重复想像自己最有自信的时候，你可以看到画面，听到声音。没多久，你就会发现，自己变得真的很有自信，你的行为也都会配合着你的思想去行动。你的思想改变了，行为就会改变。

实现自身价值，先要找到自己的位置

我们对事物的价值都有一个大致的评价，知道什么是珍贵，什么是微不足道。那么，我们自身的价值何在？热门话题，流行时尚，理想职业，最新潮流……在社会的喧嚣中，在他人的影响下，很多人迷失了自我，看不清自己真正的价值，总是按照他人的看法设计自己的人生——让自己“生活在别处”。

一般人总是相信，当他们投身于时下最为热门的行业，就俨然处于社会光环的中心，就会得到权力、地位和财富，实现自我的价值。不过，等花尽毕生的力气追求之后，他们才恍然大悟，原来自己真正应该做的事情没有做，自己所追求的很多“热门”根本不适合自己，或者根本就没有意义，只是炫目的泡沫而已。

在美国的一个小酒吧里，一位年轻小伙子正在用心地弹奏钢琴。说实话，他弹得相当不错，每天晚上都有不少人慕名而来，认真倾听他的弹奏。一天晚上，一位中年顾客听了几首曲子后，对那个小伙子说：“我每天来听你弹奏这些曲子，你弹奏的那些曲子我熟悉得简直不能忍受了，你不如唱首歌给我们听吧。”这位顾客的提议获得了不少人的赞同，大家纷纷要求小伙子唱歌。

然而，那个小伙子面对大家的请求却变得腼腆起来，他抱歉地对大家说：“非常对不起，我从小就开始学习弹奏乐器，从来没有学习过唱歌。我长年累月地坐在这里弹琴，恐怕会唱得很难听。”那位中年顾客却鼓励他说：“小伙子，正因为你从来没有唱过歌，或许连你自己都不知道你是个歌唱天才呢！”此时酒吧的经理也出来鼓励他，免得他扫了大家的兴。

小伙子认为大家想看他出丑，因此坚持说只会弹琴，不会唱歌。酒吧老板说：“你要么选择唱歌，要么另谋出路。”小伙子被逼无奈，只好红着脸唱了一曲《蒙娜丽莎》。哪知道他不唱则已，一唱惊人，大家都被他那流畅自然、男人味十足的唱腔迷住了。在大家的鼓励下，那个小伙子放弃了弹奏乐器的艺人生涯，开始向流行歌坛进军。这个小伙子后来居然成为美国著名的爵士歌王，他就是著名的歌手纳京高(Nat King Cole)。

要不是那次偶然的开口一唱，纳京高或许永远都坐在酒吧里做一个三流的演奏者。

其实，我们每个人从事的事业不一定是最适合我们的工作。我们熟悉了一项工作之后，往往害怕变化。我们就在时光的流逝中失去了自己真正的才华。开阔视野，多去尝试一下，或许你会在其他的领域做得更好。

“人摆错了位置就永远是庸才。”事实上，很多时候是我们自己把自己当成了垃圾随地乱扔，荒废了自己的才能。我们现在身处市场经济的时代，市场经济的运作强调把资源配置到最能发挥效率的地方，我们自身也是一种资源，应该寻找最适合我们的岗位，并对自己的兴趣保持一份坚定与执著。

有一个生长在孤儿院中的小男孩，经常悲观地问院长：“像我这样的没人要的孩子，活着究竟有什么意思呢？”院长总是笑而不答。

有一天，院长交给男孩一块石头说：“明天早上，你拿这块石头到市场上去卖，但不是‘真卖’。记住，无论别人出多少钱，绝对不能

卖。”

第二天，男孩拿着石头蹲在市场的角落，意外地发现有不少人好奇地对他的石头感兴趣，而且价钱愈出愈高。回到孤儿院，男孩兴奋地向院长报告，院长笑笑，要他明天拿到黄金市场去卖。

在黄金市场上，有人出比昨天高10倍的价钱来买这块石头。

最后，院长叫孩子把石头拿到宝石市场上去展示。结果，石头的身价又涨了10倍，更由于男孩怎么都不卖，竟被传扬为“稀世珍宝”。

男孩兴冲冲地捧着石头回到孤儿院，把一切告诉给院长，并问为什么会这样。院长没有笑，望着孩子慢慢说道：

“生命的价值就像这块石头一样，在不同的环境下就会有不同的意义。一块不起眼的石头，由于你的珍惜、惜售而提升了它的价值，竟被传为稀世珍宝。你难道不就像这块石头一样？只要自己看重自己，自我珍惜，生命就有意义，有价值。”

自己把自己不当回事，他人更瞧不起你，生命的价值首先取决于你自己的态度。珍惜独一无二的你，珍惜这短暂的几十年光阴，然后再去不断充实、发掘自己，世界才会认同你的价值。

的确，假如你自己都不把自己当回事，就别指望他人会器重你。

凡·高的画，很多人看过后都留下深刻的印象，他那黄色炽热的色彩和充满动感的线条，给予我们强烈的感受。凡·高的一生有着坎坷的境遇，他从26岁才正式开始学画，他在给弟弟的信中说，“我学习绘画很晚，而且我的生命很可能也只剩下十年的时间了，因此，要加紧创作。”果然，他在36岁就过世了，但是仅仅十年间却留给我们很多不朽的作品，他开创了一个新的绘画时代。

第二章 不苛求自己：做人有性格，做事有风格

“做人难，做事难。”这是我们经常听到的话。的确，人生不易，为了获得必要的生存资源，每个人都必须面对很大的压力，要自我奋斗，要参与竞争。成功者固然踌躇满志，令人羡慕，折戟沉沙者只能令人同情。如何把握成功的规律、找出失败的症结，使自己在做人方面更成熟、更完善、更简单，是一个人必须经常思考、揣摩的问题。

培养自己独特的气质

气质是一个人内在涵养或修养的外在体现。气质是内在的不自觉的外露，而不仅是表面功夫。假如胸无点墨，任凭用再华丽的衣服装饰，这个人也是毫无气质可言的，反而给他人一种很肤浅的感觉。因此，假如想要提升自己的气质，做到气质出众，除了穿着得体、说话有分寸之外，就要不断提高自己的知识、品德修养，不断丰富自己。

从人群中走过时，你能够从那些匆匆而过的行人中间发现哪些人是人生的成功者、哪些人是人生的失败者吗？其实，区别他们很简单。一个最为直观的鉴别方式就是看他们是否拥有良好的气质——成功者气质、明星气质。成功者走路的姿势、速度、眼光、表情、神态是迥然不同的，他们行走的速度是快捷的，目光如剑，神态自信，你会发现他们周身都洋溢着一种目光远大、自立自信自强的气质。当然也不排除这样一些人，他们在某一方面，比如事业上取得了极大的成功，看起来却并没有什么气质，那这样也只能算作是一种片面的成功，而称不上是一个真正的成功者。

气质在捕捉机遇的过程中具有不可忽视的作用。气质是人们典型而稳定的心理特征，这主要表现为一个人情绪体验中的强度、速度，以及动作反应的敏捷性等。

人的气质具有较大的差异性，而气质的差异又决定着人们在日常行为中所表现出来的性情和灵敏度等方面必然存在一定的差异，影响着个人所宜于捕捉机遇的类型。气质对于人们的行业与职业选择、机遇的捕捉等都有重要影响。人们应该根据各自的气质正确地面对挑战，谋求适宜的职业与人生环境，从中获取各种最能发挥个人气质特点的良机，实现目标。

真正的人生成功者首先要有良好的气质，这是一种视觉上的标识。有些人或许会说：我现在只是一个平凡的人，没有必要去培养成功者的气质，在我取得了所追求的事业成功之后，我就必然有了成功的形象。事实上，这种想法是很不正确的。

生活中的事并非都如此，你必须在取得你所期望的成功之前，塑造好你成功的自我形象，培养你良好的气质。成功者的视觉标识，有两层意思：一方面，良好的气质作为这种视觉标识，则指它是成功者成功的前奏，是一种征兆；另一层意思是指这种良好的气质是成功者的一种标志。没有这种良好的气质，就算不上是一个真正的成功者。

一个人的气质是内部修养，外在的行为谈吐，待人接物方式态度等的总和。优雅大方、自然的气质会给人一种舒适、亲切、随和的感觉，因而，它会使人在社交场合受到欢迎，增加成功的几率。

成功者的气质源于持久、充足的自信，坚信凭自己的能力能够超越苦难，坚信靠自己的魄力能够打开困境，坚信发挥自己的智慧能够出奇制胜。而一个失败的人，缺乏的正是这种坚定的自信力，缺乏心理上的必胜信心，更缺乏一种领先一步的智慧，处处无能为力，只能听凭命运的摆布。

那些杰出人物的身上，都有一种成功者的气质。很多伟大的人物一生中坎坷多难，但是他们愈挫愈勇，仿佛自己就是一切事物的主人，就是一切行动的统帅，前方那个巨大的胜利就等待他们去获取，眼前的一切困难都是暂时的，都必定被他们克服。这种成功者的气质，我们每一个人都有，只是有的人把它挖掘出来，而有的人让它终生沉睡。

无论你现在是贫是富，也不管你处于什么位置。“成功者气质”正是让你越过一些既定的标准而鹤立鸡群的某种特质。想像一下你所到之处，假如有个人有着特殊的成功者的气质，他就会像磁铁一样，不管他站在哪里，身边总是有一堆人围绕着他。不管他的头衔是什么，总是不由得令人肃然起敬。虽然你并不怎么富有，但你也希望能获得他人对你的尊敬吧！想要达到自己的目的，就要付出。要想拥有成功者的气质，你必须在每一个阶段都进行培养，日积月累才会有所收获。

无论是职场还是日常生活，你的从容不迫会“折服”很多人，使你前进的路走得更快更稳。在猛烈的批评、巨大的争议、超常的压力以及变革的挑战下，能够做到从容不迫，不只是一种勇气，也是一项技巧，更是一种成功者的气质。

成功者的独特气质，可以通过身体的各种动作，如站姿与坐姿、走路的样子、说话的姿势或一颦一笑等表现出来。自然而毫不做作的动作所流露出的权威感，就像一条无形的绳子，牵引着对方，使对方在不自觉中为你所吸引。究竟是什么样的动作才具有如此特殊的吸引力呢？很简单，稳重的步伐、有力的握手、充满自信的眼神、从容不迫的气度等。这些，都将使对方产生“与你认识，是我的光荣”的感觉，以及“与这个人谈判，千万不得无礼”的自我警惕。在这样的情况下，你的各种能力，都会有所提高。

但是，气质不是学来的，而是培养出来的。虽然你是平凡人，也可以多学一些东西，例如学跳舞，学交际。有句话说“近朱者赤，近墨者黑”还是很有道理的。你可以接近一些气质好的人，想成为什么样的人，就和什么样的人做朋友，亲君子，远小人。时间长了，气质就自然而然地流露出来了。

因此，任何时候，不管你是成功还是失败，都应表现出成功者姿态的从容不迫和微笑，这就是成功者应有的气质。

君子就要坦坦荡荡

从小，我们的老师和家长就教育我们：要做一个正直的人。可是，要坚守这份正直的品性有多难啊！五光十色的花花世界里，诱惑实在是太多了。诱惑来自方方面面，既有物质的，也有精神的；既有自然本色的，也有社会环境的……诱惑来自舒适的生活，来自喧嚣的城市，来自炫目的舞厅，来自华丽的商厦，来自名山大川，来自异域风情……

很多人就是在关键的那一瞬间，在被欲望和诱惑引领的那么一两步，甚至在一点点蝇头小利的争执之中，丧失了尊严。

一个急需工作的女子走进了面试的房间，主考官在认真地打量着她。

“如果是为了公司的利益，让你做出一定的牺牲，或者让你隐瞒身份去其他的公司里探听消息，你会尽力去做吗？”主考官终于开了口。

女子觉得很意外，这个问题竟然不是关于专业知识的，他甚至没有问问自己的名字。女子又回想了一下刚才在门外见到的那些竞争者，他们都很优秀，有些人还摆出了志在必得的架势。难道，这么一个问题就要把我淘汰了吗？

牺牲，什么叫有限度的牺牲？女子在心里默默思考。探听消息，这可是违反商业信用的，即使是为了公司的利益，也不能这么做。但是，假如我不“牺牲”，公司会要我吗？这份工作起码能给我一些收入，现在我快连买馒头的钱都没了。

经过半分钟的权衡，女子打定主意，坚定地说：“不，我有我的原则，这样没有道德的事情我做不到。”女子说完舒了一口气，心想：梦寐以求的工作，再见了。

主考官的脸上忽然现出了欣慰的表情：“在今天上午的面试者中，你还是第一个说‘不’的。恭喜你，我们已经决定录用你了。”

这是一个让我们如释重负的故事，因为故事中的女子坚守住了高贵自尊，做人做得坦坦荡荡。坦荡就是要光明磊落，坚持自己的原则。

个人的行为不是做给他人看的，而是自己内心的修炼。没有监督下的原则，才是一个人真正的道德底线。

事实上，尊严应该是每一个人价值的底线，你可以放纵，可以追求利益，但是不能违背诚实，不能违背道德，不能违背自己一直坚持的信念；你可以宽容，可以退让，但绝不能纵容，不能无原则地庇护，不能让自己成为被愚弄的对象。

那么，面对各种各样的挑战，我们怎样守护我们的心灵呢？

坚守人格是世界上最伟大的力量。我们要下这样的决心：将自己的人格当作事业的资本，做任何事，都不背叛人格。一个丧失人格力量的人，永远都不会实现自己的梦想。

忍受寂寞。我们生下来就注定要面对一个万象纷呈的世界，滚滚红尘中难免有扰人的尘埃。正因为如此，我们需要拥有一颗能承受寂寞的心，平静地面对一切。这样，心绪就不会因喧嚣的尘世而焦灼和浮躁，物欲就不会与世俗随波逐流，情感也不会陷入难拔的漩涡。

坦然，是面对诱惑的最好心境，也是人格的升华。这世界上美好的东西实在太多了，然而我们应该明白究竟什么才是我们要追求的，人活着就是为了一种信念，并为这个信念执著地走下去，这就需要我们要有坚强的意志。

充实自己的心灵。战胜诱惑，还必须使自己的心灵充实。哲人说，聪明的人不仅要打扮自己的外表，更要装饰自己的心灵。假如一个人经不住物质的诱惑，只在乎自己是否有华丽的外表，而放弃了对自身素质的提高，那又谈何魅力与气质呢？作为一个生命，我们有责任使自己的灵魂走得更远，也有义务选择好自己的人生航道。能让你大放异彩的绝不是炫目的外表和包装，更有一种闪亮的东西，那就是思想的价值和对待生活的认真态度。

珍惜情感。战胜诱惑，同时也要求我们珍惜感情。也许会有人认为，在当今这个充满物欲和金钱的世界中，感情已退居其次变得不那么重要了。但是有一点却始终不会改变，那就是再多的金钱和财富都不会使幸福永驻，惟有人们之间那最可贵的情感弥久弥深，才会使你感觉到温暖。我们不能做个心灵残缺的人，不能因为虚荣而冷落或放逐了一颗真诚的爱心。

依靠自己改变命运

佛菩萨教导我们应该怎样做，我们就按照佛菩萨的教导去做，按照佛菩萨的教导去待人接物；不按照佛菩萨的教导去做，而只是求佛菩萨保佑，那是不可能实现的事情。

有一个30岁的女人，过着平静、舒适的中产阶层的家庭生活。但是，她突然连遭四重厄运的打击：丈夫在一次事故中丧生，留下两个小孩；没过多久，一个女儿在炒菜时被溅起的油烫伤了脸，医生告诉她孩子脸上的伤疤终生难消，她为此伤透了心；她在一家小商店找了份工作，可没过多久，这家商店就关门倒闭了；丈夫给她留下一份小额保险，但是她耽误了最后一次保费的续交，因此，保险公司拒绝支付保费。

碰到一连串不幸事件后，女人近于绝望。她左思右想，觉得不能坐以待毙，决定再做一次努力，尽力拿到保险补偿。在此之前，她一直与保险公司的下级员工打交道。当她想面见经理时，一位秘书告诉她经理已经出去了。她遇到了第一个障碍。她站在办公室门口无所适从，就在这时，秘书离开了办公桌。机遇来了，她抓住机会，毫不犹豫地走进里面的办公室，结果，看见经理独自一人坐在那里。经理很有礼貌地问候了她。她受到了鼓励，沉着镇静地克制自己，讲述了索赔时碰到的难题。经理派人取来她的档案，经过再三思索，决定应该以德为先，给予赔偿。

这真是出乎意料，更幸运的是，事情并没有到此终止。经理尚未结婚，对这位年轻的寡妇一见倾心。他给她打了电话，不久以后，相继发生了如下事件：他为寡妇推荐了一位医生，医生为她的女儿治好了病，脸上的伤疤被清除干净；经理通过在一家大百货公司工作的朋友给寡妇安排了一份工作，这份工作比以前那份工作好多了；经理向他求婚，几个月后，他们结为夫妻，并且婚姻生活相当美满。

人生终究是自己的，不论是命运还是机会，都要依靠自己去创造和改变。故事中的女人仅仅一次的努力争取，就改变了自己的命运。在人生的海洋中航行，不会永远一帆风顺的，难免会遇到狂风暴雨的袭击。在巨浪滔天的困境中，我们应坚定信念，随时赋予自己生活的支持力，告诉自己："我一定能应付过去。"

一位父亲带着6岁的儿子去钓鱼，父亲钓鱼时，儿子在一旁玩耍。

在离湖边不远处，有一个很深的大坑。儿子好奇，自己便偷偷摸摸下到坑里。玩了一会后他发现，大坑离地面很高，下来容易上去难。因此，他不得不求助正在钓鱼的父亲："爸爸，帮帮我，我上不去了！"

父亲对其求助置之不理。儿子既害怕又愤怒。他开始直呼父亲的名字，并气急败坏地称他为"坏蛋"。他的父亲还是置之不理。这时，天渐渐地黑下来，出于恐惧和无助，孩子开始又哭又喊，但父亲依然没来帮忙。之后，他不得不自己想办法了。他在坑里转来转去，寻找可以上去的地方，终于，他发现在坑的另一面，有几棵可以用于攀缘的小树。他艰难地爬上来。此时此刻，他发现父亲还在那里叼着烟卷，悠闲地一动不动地钓着他的鱼。令人意想不到的是，这个顽童，没有抱怨，更没有愤怒，而是径直走到父亲身边，自豪地对父亲说："爸爸，是我自己上来的！"

实际上，我们的力量有时要比想像的更强大。当我们有了一份靠自己改变命运的坚定信念，困难便会在不知不觉中慢慢远离，生活自然会回到风和日丽的宁静与幸福当中。

机会要靠自己争取

天上不会掉馅饼，一个时时等待机遇光临的人，是不会有收获的。只有主动出击，寻找机遇，才能发现机遇、抓住机会。

其实，上帝对待每一个人都是很公平的，不会惟独对某个人不好或者对某个人好。可为什么会总是有人埋怨上天不眷顾他呢？道理很简单，就是当机会来临时，很多人总是以为那不是自己的，犹豫了，退缩了，结果机会就这样失之交臂，一辈子都是平平淡淡，没有什么惊心动魄的经历。

有一位女孩，父母都是高干，家庭对她有很大的帮助与支持，她完全有机会实现自己的理想。她从念小学时，就一直梦寐以求地想当电视节目的主持人。她觉得自己具有这方面的才干，因为每当她与别人相处时，即使是陌生人都愿意亲近她并和她长谈。她知道怎样从人家嘴里“掏出心里话”。她的朋友们称她是他们的“亲密的随身精神医生”。她自己常说，“只要有人给我一次上电视的机会，我就一定能成功。”但是，目标是有了，可她却没有为达到这个理想而努力，她在等待奇迹出现，希望一下子就当上电视节目的主持人。她不切实际地期待着，结果什么奇迹也没有出现。谁也不会请一个毫无经验的人去担任电视节目主持人，而且节目的主管也没有兴趣跑到外面去搜寻天才。

每个人都渴望成功，但成功并不都属于每一个人。当问某些没有成功的人时，他们的回答往往是："因为我没有成功的机会啊！"他们认为自己很有能力，但是却生不逢时，找不到适合发挥自己能力的空间。机遇是被人创造出来的，凡是成功人士，他们都勇敢地给自己创造机遇，而事实上，那些以无比热情看待自己工作和事业的人，总能发掘无穷的机会。

著名化学家桑拜恩，十分热衷化学试验。在当时的化学界，对于火药棉的研究还是空白。

因此，他准备突破这个难题。由于这个试验有一定的危险性，他的妻子很反对他研究这个项目，但是桑拜恩决心要把这个试验做成功。他趁着妻子出去时，偷偷地在厨房里做试验。

一次桑拜恩在厨房做实验，当他正在炉子上加热硫酸和硝酸混合液时，听到妻子在外面开门的声音。他心想："这下可坏了。"他赶紧把实验器皿收起来。慌乱之中，一下把一只装硫酸的玻璃坩埚打破了，里面的酸液当时就流淌出来。为了不让妻子发现他在做试验，他就顺手拿起妻子的棉布围裙，把流到地板上的酸液擦干净。然后，他用水洗了围裙。挂在炉子上烘干。过了一会，就听到"噗"地一声，围裙着火了，他还没有来得及将火扑灭，围裙就烧了个一干二净，但是却没有一丝烟雾。桑拜恩为此大受启发，试验很快就成功了。

看似桑拜恩的成功纯属偶然，但在他成功的后面存在着必然性。局外人看待成功者的时候，总是认为他们已经具备成功的各种条件。而成功者自身的实际情况却并不如此，但他们并不是消极等待。如果说桑拜恩等待有了试验室后再去做试验，那么，他就不会因为妻子的归来而把试验做成功。桑拜恩的成功不是偶然的，而是他自己创造出来的。

在我们陷入困境时只会呼天抢地，期望着生命中的贵人会突然出现在我们面前，牵引我们向前走。但是，假如你自己都不愿意主动积极地面对生命中那些不可避免的困境，就算有人伸出手拉你一把，你也一样脱离不了困顿的日子。

机会对每个人都是公平的。当机会来临时需要我们主动地伸出手去；当困境不期而至时，我们应该积极地迎接挑战，并用自己的智慧和勇气去战胜它！困境是个欺软怕硬的东西，你强了它就弱了；你弱了它反而就强了。因此，任何时候都不要坐以待毙，去努力尝试，改变自己的命运吧。

所以，永远别说这个世界没有给我们机会，而是要学会去争取、把握机会。

要成功必须学会等待

“欲速则不达”，可以说是至理名言。当一个人心理浮躁、好高骛远时，即使他有着良好的成功素质，也是难以完善自己，成就事业的。

成功需要等待，机会的出现是没有规律的，但只要你能蓄足能量、充分准备，那么，机会一出现你就能一次逮个正着。

一个足球运动员的成长、出名总是由替补开始的，平时艰苦地训练，练好扎实的基本功，练就一身本领，只为有朝一日替补出场时能一鸣惊人。显然，假如平时只会埋怨教练不给自己机会，而使性子不好好训练，那么即使有一天让你上场，也不可能有上佳的表现。因此，不想等待的最好办法就是在等待时认真地准备，踏实地工作。

假如一名员工能在他人娱乐休闲时默默地苦学日语、苦攻电脑，那么有一天，公司要派一个人去日本学习计算机，这个人就非他莫属了。这时他就成了其他人眼中的幸运儿。其实，这也是来之不易的，是他平时刻苦学习换来的，这也就是善于等待。小青年谈恋爱也如此，假如只是忙着追这个求那个，结果只会凭着练出来的厚脸皮和勇气征服一个头脑简单的爱人。而假如你注意不断地完善自己，使自己有才有识，相信某一天就会有个才貌俱佳的女性向你送来秋波。

生活是由无数个目标组成的，生活也是由无数个目标的等待组成的。每样东西都不会一下子来临，等待是必然的。当你缺乏耐心时，目标也就离你而去。虽然生活中的等待不像等待戈多一样无聊，但也是痛苦难熬的。要想成功，你就要学会等待，善于等待。

其实等待也是一种美，在等待的过程中能锻炼你的耐心与毅力。期待成功的过程也就是脚踏实地、勤奋耐劳的过程。卧薪尝胆的故事告诉我们怎样等待才能获得成功，要想东山再起，从失败中崛起，只有耐心等待，只有埋头苦干，当你蓄足了能量，当机会到来时，你的成功也就降临了。

等待也是一种自信。执著地等待成功的到来，是基于对成功的信任，相信自己的选择，相信自己的能力，也相信自己一定能获得成功。

等待也能使你更加成熟。在等待的过程中，你有时间好好地考虑问题，能使你发现错误与不足，能让你更好地审时度势，也能使你悟出很多的人生真谛。炒股的过程就是一个等待的过程，在你成为一个富翁之前，你需要不断地总结，不断地领悟。

每做一件事，只有当你摸透其中的奥妙，掌握其中的规律后，你才会成功。千万不要看到他人三天成了个富翁就怪自己运气不好，他能三天成为富翁的确是运气好，但他也可能三天变成个穷光蛋，因为他完全没掌握其中的真谛。在商海里，要想傲视群雄，只有在其中跌爬滚打，经过摸索与锤炼后，练就一套高超的交际能力与超前的预见性，你就能成为一个商海弄潮儿。有的公司职员在刚开始工作的头两年里，认真、踏实，也干出了一番成绩，但经理还不提升他，他就认为要么经理不识才，要么经理对他有偏见，因此愤然离去。殊不知这是多么可惜。其实领导要提拔一个人，而且委以重任的话，不光看他一时的表现如何，更重要的是看他是否踏实，有无坚强的毅力和锲而不舍的干劲。

那么，怎样耐心地等待而又不“吊死在一棵树上”呢？关键看你自己是否喜欢这个事业，对自己有没有信心。假如你十分喜欢你的事业，而且相信自己能成功，那就运用你的耐心和毅力，执著地去追求，苦苦地去等待。假如你不喜欢你的职业，对自己干这行没信心，那就不妨换个工作。

机会总是藏在被忽略的地方

我们抓在手里的东西往往不起眼，我们从来没有重视过它，甚至从来也不珍惜，可是它很有可能在某个时刻变成无价之宝。

很多东西都是在我们放弃之后才发现其中的价值。以健康为例，我们什么时候才会注意饮食、开始运动呢？是当医生说“假如你再不改变生活方式，你就死定了”时；我们通常什么时候才对伴侣表示关心呢？是当婚姻亮起红灯时，当家庭面临破裂时；我们什么时候才肯去尝试新观念、做出有创意的决定呢？是当我们没有钱付账时……只有在到处碰壁时，我们才能学会人生最重要的课题。

小张被公司解雇了，这对他来讲如同“晴天霹雳”。他找不到其他合适的工作，于是干脆自己做起小生意来。这是他第一次当老板，做自己想做的事。虽然仍然要面对各种问题，但是他发现自己变得比以前更快乐、更积极了，生活变得更有意义，更有挑战性，这一切都是原来那个“晴天霹雳”带来的好处。

不妨回想一下，你一生中最大的决定是怎么做出的？多半是跌得鼻青脸肿，被人打得头破血流时。那时，你会告诉自己：“我恨透了过苦日子，恨透了被人当皮球一样踢来踢去，恨透了做一个平庸的人，我一定要出人头地！”由此，你就步入成功了！再想想看，这个让你成功实现人生飞跃的机会，其实以前根本就是被你忽略、你从来不在意、甚至厌恶的。

小李在毕业初期在一家报社当记者。有一天他正在写一篇文章，编辑部主任要他去办公室一趟。原来，今天晚上有一场十分重要的音乐会，可是报社的音乐评论员却因为生病不能去参加。因此，编辑部准备派小李参加这场音乐会，并写出一篇评论文章，明天就要写好。

小李傻眼了，因为他对音乐不过是略知一二，但是要写一篇专业的评论实在是赶鸭子上架，这下可怎么办？他当时没有欣赏音乐的心情，而是愁眉苦脸地坐在了剧场中，心想该怎么把评论好好地完成。这时候他突然发现坐在旁边的年轻女子微闭着眼睛，脑袋随着音乐的节奏微微晃动，一副陶醉的样子。他心想，她或许是个音乐爱好者，说不定能深刻地理解音乐的内涵，他决心抓住机会。

他们一攀谈，他就惊喜地发现自己找对了人。原来她居然是音乐学院的钢琴教师！接下来的事情就顺理成章了。她滔滔不绝地向小李讲解着，而他飞快地记着笔记。他想一个门外汉写出的评论和一个专业的音乐教师所理解的音乐应该太不同了吧。

果然，他的评论发表在报纸上后，一炮打响。这篇评论的确要比其他的评论员写得更深刻更精辟！一个机会就这样被他抓住了，并且他利用得很好。

人都有好逸恶劳的习性，假如不是被环境所迫，多半都只会安于现状，不求改变。上帝是善良的，他通常都是用温和的警告来提醒我们。

当我们一再对他的警告置之不理时，他才会重重地敲一槌下来，让我们猛然警醒。因此，别忘了，你最好在上帝没有发怒之前，自己就要重视起平时的一点一滴，让自己坚强、坚持，争取不要在迎来“晴天霹雳”之后才伤痕累累地起来应战。

挺起腰杆做人，耐住性子做事

做人，就要挺起腰杆，像标杆一样竖立在人世。

当然，这样会很累，但三尺红尘之下，谁不是艰难地活着？死也不是一种解脱，不过以另外一种方式去承受这一切罢了。趴在地上当然舒服，但这种姿势只适合动物，绝不适合你我。

我们祖先第一次挺起腰身，或许并没有预感到什么，却意识到以往仰视的一切目前都在自己的脚下。从此与动物界分离，成为地球的主宰。要是没有当初这一挺，也许今天我们还在虎狼的利爪下颤抖不止。

挺起腰，腰杆就承受了压力，难免会很累，这也是做人所付出的代价。但没有人会说，这不值得，愿意像狗一样趴下，回到虎狼的爪下。

挺起腰，这是做人的根本。你自己弯下腰，他人当然骑上来，把你当马使。你自己趴下，他人自然踩上来，像踩一只臭虫，毫不留情！

做动物的方式千百种，做人却只有一种：挺起腰。只要自己不弯下腰，没人能骑上你的背。只要自己不趴下，没人能踩上你的头！只有你勇敢地挺起腰，他人才会仰视你。

做事，就要耐住性子。

唐代大诗人白居易说："孔子之忍饥，颜子之忍贫，闵子之忍寒，淮阴之忍辱，张公之忍居，娄公之忍侮；古之为圣为贤，建功树业，立身处世，未有不得力于忍也。凡遇不顺之境者其法诸。”因此，学会忍耐是十分重要的。

不过，当忍耐掺入了阴柔，变成了一种相安无事、与世无争、苟且偷安的处世哲学后，它就走向了反面。

所以，林语堂先生曾这样批判：“遇事忍耐为中国人的崇高品质，凡对中国有所了解的人都不否认这一点。然而这种品质走得太远了，以至于成了中国人的恶习。中国人已经容忍了很多西方人从来不能容忍的暴政、动荡不安和腐败的统治，他们似乎认为这些也是自然法则的组成部分。”

的确，假如让忍耐浓浓地烙上了保守、落后、安命不争、平庸、易满足、缺乏进取心、老衰退化、奴性、软弱、过于自卑等痕迹时，那么，这样的忍耐就变了味，一定叫人憋气，叫人难受，叫人窝囊，叫人痛苦……

那么，怎样才叫“会忍耐”呢？即什么叫能忍、会忍、善忍呢？

将忍耐作为一种谋略，“小不忍则乱大谋”是指忍的原则，“一忍可以抵百勇，一静可以制百动”是指忍的效果。老子关于祸福关系的论述，为后人广为传颂，那就是“祸兮，福之所倚；福兮，祸之所伏。”由此，身处逆境，置身祸中，要学会忍，“百忍成钢”，在逆境中要学会忍，才能成就大事，忍得一时苦，方为人上人。遭受一番苦难，忍一忍，熬过去，就可以接受天将降之大任了。在困境中要甘于承受一切，这种忍耐是为达到某一种志向的手段，是为达到某种“大谋”的退却，绝不是为忍而忍。当人们将忍耐看作是惟一的目的时，当忍耐变成逆来顺受、失去抗争时，这种忍耐就毫无积极意义了。

积极的忍耐，绝不是意味着人格的渺小，自我的萎缩，他只是将可贵的、独立的自我暂时“隐藏”起来，他仍在默默地干自己想干的事，仍在悄悄地做自己想做的事。这种人的忍耐，软中透硬，柔中带刚，不以牺牲自己独立人格为代价，不奴性十足，不苟安偷生，不窝囊，也就没有失意之感。

忍耐还可作为保存自己力量的重要手段。当敌我之间的力量太悬殊、正义与邪恶之间的势力差距太大时，忍耐，便是一种最为明智的退却手段，不硬拼，不消磨自己的元气，将力量慢慢地蓄积起来。因此，这种忍耐，绝不是对传统的习惯势力、落后势力的妥协和投降，一旦时机成熟，羽毛丰了，翅膀硬了，爪子利了，就会乘其不备，猛然一击，让邪恶永不翻身。

《菜根谭》中有一句话："处世让一步为高，退步即进步的根本；待人宽一分是福，利人是利己的根基。"忍住自己的私欲、怒火，实际上是帮助你自己成就大业。

朋友，要想学会忍耐，学会不愠不火的处世之道，应学学唐朝诗人张公的《百忍歌》：

百忍歌，歌百忍，忍是大人之气量，忍是君子之根本。

能忍夏不热，能忍冬不冷。

能忍贫亦乐，能忍寿亦长。

贵不忍则倾，富不忍则损。

不忍小事变大事，不忍善事终成恨。

父子不忍失慈孝，兄弟不忍失爱敬。

朋友不忍失义气，夫妇不忍多争竞。

刘伶败了名，只为酒不忍。

陈君灭了国，只为色不忍。

石崇破了家，只为财不忍。

如今犯罪人，都是不知忍。

古来创业人，谁个不是忍。

忍作为一种老道的处世方式，不等于消极躲避，不等于甘愿受欺。它是一种韬光养晦的斗争方式，是一种韧性的战斗技巧。

愈挫愈勇，永不言败

永不言败是成功者的基本特征。在成功者的天地里不存在任何“应急解决办法”或免费午餐，惟有高度集中精力和坚持不懈的品格才能克服通往任何目标路上所遇到的曲折和危机。

特别在将愿望转变为财富的过程中，毅力更是一个不可缺少的因素。那些财富浩大的人一般被认为冷血或无情。这是一种误解。实际上，他们是具有坚强意志的人，他们在大多数人轻易地放弃自己的目标时，坚持了下来。因此，他们比大多数人更接近最后一次失败之后的成功。

“许多人梦想成功，对我来说，成功只有在多次失败后和对失败进行反省才能取得。事实上，成功只代表着你的工作的1%，而99%意味着失败。”这是本田宗一郎1974年在密执安获得博士学位时的一段演讲词。他还曾把这段话归纳为一个简洁而富有哲理的忠告送给那些渴望成功的企业家，他说：“企业家必须善于瞄准不可能的目标和拥有失败的自由。”

本田宗一郎于1906年11月出生在日本荒僻的兵库县的一个贫穷家庭。他家离索尼公司创始人盛田昭夫的家不远。盛田出生在一个拥有一个网球场的优裕家庭，而本田却是一个在路边修理自行车的穷铁匠的儿子。这种早期环境证明在本田最初试制摩托车的日子里对他很有好处。他父亲对他解决机械问题的培养在本田早期的训练中起到了很大作用。

本田是个穷学生，经常逃课，他憎恶正规的教育。但他偏爱试验课，总是运用富有启发性的试验方法学得最好。他一直喜欢机器和机械装置，当儿时第一次看到汽车时，他陶醉了，正如他自传中的一段所展示的那样：

“忘掉了一切，我跟在车后跑……我很激动……我认为正是那时，虽然我只是个孩子，总有一天我将自己制造汽车的思想产生了。”

那时，他并不知道自己将不仅仅拥有这样一部机器，而且将成为生产它们的工业巨头之一。本田注定比其他人更能改变摩托车和汽车工业。

在50年代早期，本田公司终于挤进了拥挤的摩托车行业。在五年内打败了250个竞争对手，使他实现了儿时的制造更先进的汽车的幻想。

本田承认他犯有错误，正如他在密歇根技术大学接受博士学位的演讲中表明的那样：“回首我的工作，我感到我除了犯错误，一系列失败、一系列后悔外什么也没有做。但是有一点使我很自豪，虽然我接二连三地犯错误，但这些错误和失败都不是同一原因造成的。”

本田宗一郎的事迹告诉我们：凡是经得起考验的人，都会因为他的毅力而获得丰厚的报酬。

只有少数人能从经验中得知坚忍不拔精神的正确性。这些人承认失败只是暂时的，他们依靠不衰的愿望而使失败转化为胜利。我们站在人生的轨道上，目击绝大多数的人在失败中倒下去，永远不能再爬起来。对此，我们只能总结说，一个人没有毅力，那他在任何一行中都不会得到成就。

亨利·福特说：“失败能提供你以更聪明的方式获取再次出发的机会。”其实，伟大的牛顿、爱迪生，尚且还有失败的时候，何况平凡的你我。况且，从某种意义来说，人没有失败，就没有成功，甚至于个人要是没有大失败，就没有大成功。你去问问成功的人，他们可以肯定地告诉你，他们经历的失败比你想像的还要多得多。他们之所以现在成功，就是因为以前积累了太多太多的失败。只是他们不怕失败，耐心而又细致地研究失败的原因，然后，一步一步地把它们解决，最后才取得了胜利。

总之，失败并不可怕，对它要保持积极的心态，看到自己具有足够的力量。一位学者指出，对失败保持健康的心态应当把握以下三条原则：

每个人都会面临困难，挣扎奋斗的人，遇着失败的危险，努力拼搏，有烦恼，取得成功的人，固然带来喜悦，但经验证明，抵达终点的人，往往比那些正在奋斗的人，反而有更多的烦恼。因此，人人都有烦恼。一种没有烦恼的生活，根本是一种幻想和自欺欺人的说法，追求这种没有烦恼的生活，只有徒耗生命而已。

每个难题都会对你产生影响，你能够控制自己的反应，你却不能够控制潮流的趋势和避免厄运。但是，你能够决定自己的态度。你的反应能够使你遭遇的痛苦更加剧烈，也能使它立刻减轻，你的反应是关键所在，你的反应使你可以变得更坚强或更软弱。

每个难题都有转机，任何问题都隐含着创造的可能。问题的产生是成功的发端和动力。问题的产生总是为某一些人创造机会。一个人的困难或许就是另一个人的机会。

其实，人的一生是在进行一场马拉松赛。人生这场马拉松赛，漫长、坎坷和艰难，需要忍耐、坚持和奋斗。要在漫漫人生路上取得成就，只能靠恒心去挺、去忍、去拼搏。无论做人做事，都需要一种百折不挠的精神。古希腊哲学家苏格拉底说过：“逆境是磨炼人的最高学府。”巴尔扎克也说过：“困难对天才是块垫脚石，对能干的人是财富，对弱者才是万丈深渊。”逆境有两重性，既可毁人，又可炼人。它能使弱者消沉而自毁，也能使强者升华而自强。对待挫折和困难，惟有永不放弃，坚持到底，才能让自己感受到胜利的喜悦。

抱怨命运不如改变命运

成功不是获得多少掌声和鲜花，而在于克服困难和改变自己的命运。人生路上太多坎坷，但是，你要知道，你才是自己的救世主，没有人能够真正地改变你的命运。

设想一下，假如人的生活一帆风顺，锦衣玉食，那么，人生就没有从低谷到顶峰的跌宕起伏，就没有会当临绝顶一览众山小的喜悦。穷尽千辛万苦的成就才传奇，历经百转千回的感情才珍贵。衣来伸手饭来张口，不劳而获是婴儿和懒汉的待遇。面对挫折自暴自弃是对自己灵魂的放逐，没有挫折，就不知道收获的可贵，没有挫折，就没有成功的喜悦。

没有一个人的成功是一蹴而就的，没有谁可以一步登天。恰恰相反，所有的成功都是经历了一连串的失败之后才获得的。

泰戈尔说："幸运女神不喜欢那些迟疑不决、懒惰、相信命运的懦夫。"

或许你常常自怨自艾，你不比他人差，但结果为什么会不如他人呢？原因不外乎你对于命运的理解方法一无所知，即不知怎样做才能掌握自己的命运。

纵观古今中外，确实有那么一部分人把主宰自己命运的权力交给了神，交给了上帝。但是，当人们通过斗争把命运的主宰权收回来之后，发

现人是可以掌握自己命运的。因此，一代又一代日益觉悟了的人们，一直在不懈地奏响着自立、不屈、抗争的命运交响曲。

一个少年喜欢弹琴，想成为一名音乐家；另一个少年爱好绘画，想成为一名美术家。然而，他们都突然经历了一场灾难。结果，想当音乐家的少年，再也无法听见任何声音；想当美术家的少年，再也无法看到这个五彩缤纷的世界。

两个少年十分伤心，痛哭流涕，埋怨命运的不公。这时，一位老人知道了他们的遭遇与怨恨。老人对耳聋的少年用手语比划着说："你的耳朵虽然坏了，但眼睛还是明亮的，为什么不改学绘画呢！"然后，他又对眼瞎的少年说："你的眼睛尽管坏了，但耳朵还是灵敏的，为什么不改学弹琴呢？"两个少年听了，心里一亮。从此以后，他们不再埋怨命运的不公，开始了新的追求。

改学绘画的少年发现耳聋了可以使自己避免一切喧嚣的干扰，使精力高度专注。改学弹琴的少年慢慢地发现失明反而能够免除很多无谓的烦恼，使心思无比集中。

后来，耳聋的少年成了美术家，名扬四海；眼瞎的少年终于成为音乐家，饮誉天下。他们相约去拜见并感谢那位老人。

老人笑着说："不用谢我，该感谢你们自己的努力。事实证明，当命运堵塞了一条道路的时候，它常常会留下另一条道路！"

放弃抱怨吧！用更多时间来弥补天生的缺憾。放弃抱怨的时间努力为自己今后的生活创造财富，放弃抱怨的时间努力学习广博的知识，得到的将是鲜花和掌声。只要肯去努力、抓住机遇，你会发现一味的抱怨和自卑多么的愚蠢。

我们生活在一个竞争压力日益增大、工作生活的节奏日益加快的社会里，大多数人无法按捺住那颗驿动的心，往往表现得急功近利，稍有不顺就开始抱怨命运的不公平。小张就是其中的一个。

小张高中毕业后，上了职业技校。不久，在一家企业的办公室做了一名普通的秘书。但他常常羡慕那些出入有宝马、坐拥豪宅的富商和权贵，埋怨自己命运的不幸。直到有一天，他遇到了自己的高中同学。同学羡慕地对他说："你的工作不错，企业效益也比我们要好。我大学毕业后，没有找到好的工作，只好来工厂混口饭吃，谁知效益还不好，我已经快半年没班上了。"

小张无奈地诉说自己的工作压力太大。同学劝慰他说："哪里都一样累的！你总算还是有工作的，我现在几乎就跟下岗差不多，正准备换工作呢。不要站着这山望那山高，要珍惜自己已经拥有的。"

小张听了思索了很久。他发现自己的生活和工作并非那么糟糕，反而还算蛮好的。之所以有太多的埋怨和不满，都是因为自己太过浮躁，缺少一颗面对现实的平常心。自己进修的本科就要毕业了，工作虽然枯燥，但得到了上司的认可。上司现在已经开始让自己参与一些重要的会议，为公司的一些重大决策准备相关的文件。与自己处于半失业状态的同学相比，真是天壤之别。这样一比较，小张的心情也就豁然开朗，工作更加努力了。不久，他就被提升为办公室主任。

波斯作家萨迪在《蔷薇园》中写道："事业常成于坚忍，毁于急躁。我在沙漠中曾亲眼看见，匆忙的旅人落在从容者的后面；疾驰的骏马落后，缓步的骆驼却不断前进。"

面对失败，千万别怨天尤人！因为抱怨并不能改变事实。正如比尔·盖茨所说：人生是不公平的，习惯去接受它吧！

在平凡中拼搏的人始终会不断激励自己。爱拼的人总在奋斗之中，他们从不允许自己有片刻的安逸；爱拼的人总在行走之中，他们很少会停下来歇息；爱拼的人总在坚持之中，他们认准目标，绝难放弃。爱拼的人不会抱怨自己的命运，把自己的失败与平凡归于其他原因。他们能够及时懂得把抱怨转化为实际的行动。

很多人都抱怨过处境的艰难，发现无济于事之后便缄口了。抱怨相当于赤脚在石子路上行走，而乐观是一双结结实实的鞋。假如你对自己不满，对周围的社会不满，你就会开始抱怨，整天看不到生活的希望，渐渐地你的锐气也会被消磨殆尽，你的激情也永远埋在了暗无天日的海底，因此你迷茫、停滞不前、失败。而真正的成功者，却会从每一件小事中感悟出生命的希望，感悟到它的价值。

忘记你的抱怨吧，把抱怨命运的时间更多地用在改变自己的命运上。

第三章

不放弃自己：不可有傲气，不能无傲骨

人不可有傲气，有了傲气，往往会自命不凡，认为自己能干，比别人高出一筹，从而目中无人。对于这种人来说，成功无异成了“毒药”。但是应具备“傲骨”。什么是傲骨呢？就是应当有志气，有自信心，有顽强不屈的性格。它是一种动力、一种美德，折射的是一个人的人格。有了傲骨就有了原则和立场，就会处理任何复杂的事情，就会赢得尊重，同时也是做人应有的风范！有傲骨、有信心的人，失败后并不气馁，相反，他们会在新的基础上不放弃自己，不断探索。

雌伏是为了雄起，关键时刻要站出来

商场如战场、运动场，要想在商场有所作为，除了踏实肯干外，还要善于把握机会，该站出来时就站出来。只有这样，才能让你在事业上脱颖而出。大多数成功者多是在关键时刻抓住了合适的机会。

成功的机会不会老是垂青于你，或许仅有一次，但是假如你能把握好这一次，你可能就走向了成功。一个有志向的人是不会永远潜伏的。

小王是刚进公司的一名职员，来公司两个月了。连老板的面都没有见到。很多老员工上班时经常聊天或干其他的事情，一些日常业务上的事情都交给小王。小王虽然有些不满，但也很乐意，毕竟这样可以学到许多业务上的技能，再说，自己是新人，因此，也就忍气吞声了。

有一天，公司召开紧急会议，老板要求业务部员工做工作汇报。大家都忙乱得一团糟，面对老板的提问，那些老员工显得有些力不从心，支支吾吾。因为他们没有任何的准备，不知道老板会临时开会。

在场的员工中，只有小王对业务上比较熟悉。轮到小王发言时，哪家公司进了多少货，回了多少货；哪家货发的比较好，客户有什么反馈等问题，小王都说得十分到位、有条理。

老板听了，很满意，问道："我怎么从来没有见过你？"

小王赶忙回答："我才来两个月，业务上还有许多不熟悉的地方，相信我以后一定会做得更好。”

不久，小王获得了老板的赏识，两个月后，被提拔为业务部总管。

在雄起前学会雌伏，忍耐力是一个人成功道路上的平衡器。没有忍耐这种平衡器，结果只能是走向极端，走向失败。孟子说：“天将降大任于斯人也，必先苦其心志，劳其筋骨，饿其体肤，空乏其身，行拂乱其所为，所以动心忍性，增益其所不能。”是说一个人要想有所作为，必须忍受逆境的煎熬。

我们往往会听到“精诚所至，金石为开”，“忍耐就能成功”之类的名言，也会遇到很多喊着“相信人人都能成功”这样口号的人。在当今社会，只要一次冒险就能决定生死的时代，这种口号听起来就显得相当老旧。况且，忍耐是说起来简单、做起来却很困难的事。忍耐与努力都是一种能力。并不是忍耐难以做到，就意味着“人人都能做到”这句话失去了意义。

然而，想要实现自己期待的目标，忍耐力是不可缺少的要素之一，因此，就算是天生直性子的人，也要培养良好的耐心。忍耐，包括两层涵义，一是“忍受”，二是“继续做下去”。前者意味着无可奈何地承受自身的痛苦。当有人侮辱你时，虽然心里很想给对方一巴掌，但还是会忍住这种冲动，装作没有听到，这就是“忍受”。后者表示不屈服于种种障碍，继续不停地做自己分内的工作。女人比起男人，虽然更能“忍受”，但是不太擅长“继续做下去”。但是，成功人士所必备的素质，不是“忍受”，而是“继续做下去”。认为自己非常能够忍耐，却总是不能成功的人，一定是误解了忍耐的意义。“忍受”正是前面提到的那些不幸的人最为擅长的东西。他们认为尝试新事物不如忍受痛苦，这正是忍耐力突出的表现。假如要实现自己期望的生活，就应该培养“继续做事”的能力。

某公司一个重要部门的经理要离职了，董事长决定要找一位才德兼备的人来接替这个位置，但来应征的几个人都没有通过董事长的“考试”。

这天，一位近30岁的留美博士前来应征，董事长却通知他凌晨3点去他家考试。这位博士于是凌晨3点就去按董事长家的门铃，却未见人来应门。一直到8点钟，董事长才让他进门。

考的题目是由董事长口述，董事长问他：“你会写字吗？”

年轻人说：“会。”

董事长拿出一张白纸说：“请你写一个白饭的白字。”

他写完了，却等不到下一题，疑惑地问：“就这样吗？”

董事长静静地看着他，回答：“对！考完了！”

年轻人觉得很奇怪，这是哪门子的考试啊？

第二天，董事长在董事会上宣布，该名年轻人通过了考试，而且是一项严格的考试！

他说明：“一个这么年轻的博士，他的聪明与学问一定不是问题，所以我考其他更难的。首先，我考他牺牲的精神，我要他牺牲睡眠，半夜3点钟来参加公司的应考，他做到了；我又考他的忍耐力，要他空等5个小时，他也做到了；我又考他的脾气，看他是否能够不发飙，他也做到了；最后，我考他的谦虚，我只考堂堂一个博士5岁小孩都会写的字，他也肯写。一个人已有了博士学位，又有牺牲的精神、忍耐力、好脾气、谦虚，这样才德兼备的人，还有什么好挑剔的呢？我决定任用他！”

当你立志要大干一番时，不妨先放下身段，眼高还要手低，实际上，走向成功的不仅仅是渊博的知识，更重要的或许是你的个人气度。

只要你善于观察，你就会发现到处都存在着机会；只要你善于把握，你就不会让机会错过；只要你善于发现，你的人生会更加的精彩。

当机会悄然来临时，就要伸出手去抓住机会。

当机会来到人们身边时，那些懒惰的人仍然毫无察觉；只有勤奋的人才能够注意到它的降临，并且会努力地将它牢牢地把握。

以眼还眼，以牙还牙

做老实人说老实话，本应该是一条为人处世的准则，但若一味地老实宽厚，反倒会迁就、纵容别人不适当的言行。因此，面对别人的无礼攻击和嘲笑挖苦，一定要学会适当的反击，维护自己的利益和尊严。

一个吝啬的老板叫伙计去买酒，却没有给钱，他说："用钱买酒，这是谁都能办到的；如果不花钱买酒，那才是有能耐的人。"

一会儿伙计提着空瓶回来了。老板十分恼火，责骂道："你让我喝什么?"

伙计不慌不忙地回答说："从有酒的瓶里喝到酒，这是谁都能办到的；如果能从空瓶里喝到酒，那才是真正有能耐的人。"

显然，老板只是想占伙计的便宜，假如伙计不能有效地反驳他荒谬的论调，就有可能遭到老板的严厉训斥，或者是自己贴钱给老板买酒，无论如何吃亏的人都是他自己，没准儿还会助长老板的嚣张气焰。

在现实生活中，假如我们遇到了这样无理取闹，蛮不讲理的人，也一定要据理力争，适当反驳，切不可一味地任其摆布。那么，具体应该如何去反击这种无理取闹的行为，让对方承认自己的错误呢?

面对不讲理的人，要控制自己的情绪。以"骤然临之而不惊，无故加之而不怒”的大丈夫的涵养与气量，在气质上镇住对方。然后要冷静考虑对策，从中选出最佳方案，以免做出莽撞之举。最后还要选准打击点，反击力要猛，一下子就使对方哑口无言。

然而，有时反击不适当的言行也不宜锋芒太露，旁敲侧击，指桑骂槐，反而更为有利。

有个叫比尔的人，经常以愚弄他人而自得。一天早上，他坐在门口吃面包，看见杰克逊大爷骑着毛驴从远处哼呀哼呀地走了过来，于是他就喊道：“喂，吃块面包吧！”

大爷出于礼貌，从驴背上跳下来说：“谢谢您的好意。我已经吃过早饭了。”

比尔却一本正经地说：“我没问你呀，我问的是毛驴。”说完，很得意地一笑。

对比尔这一无礼侮辱，杰克逊大爷非常气愤，却又无法责骂这个无赖。他抓住“我和毛驴说话”的语言破绽，狠狠地进行了反击。

他猛然地转过身，“啪，啪”，照准毛驴脸上就是两巴掌，骂道：“出门时我就问你城里有没有朋友，你斩钉截铁地说没有，没有朋友为什么人家会请你吃面包呢?”“叭，叭”，对准驴屁股又是两鞭，说：“看你以后还敢不敢乱说?”

骂完，翻身上驴，扬长而去。

大爷借教训毛驴，来嘲弄无赖和毛驴建立的“朋友”关系，使他有苦难说，无辫子可抓。

总之，对于故意寻衅的敌人和尖酸刻薄的语言，我们一定要学会恰当地反击，而不能一味地忍让和宽厚下去，让他小人得意。为人兼有软硬两手，才是处世自保并争取主动的真理。

马善被人骑，人善被人欺

“马善被人骑，人善受人欺。”过于软弱和老实的人，往往会成为他人拿捏和欺负的对象，因此，在必要时必须给对方以痛击，让他人知道你并不是好欺负的。

“马善”是指马十分温驯，而“人善”所指的除了温驯，没有反抗性格之外，还包括过于热忱、善良、厚道、心软、服从、软弱、畏缩及缺乏主见等。最容易被人欺的人大都是些善良温厚的人，也就是人们常认为的“好人”。“好人”因为一切与人为善，不争不抢、不施手段，不会拒绝人家，因此，反而常被人利用。

吃柿子拣软的捏。生活中一些蛮横霸道的恶人之所以能得意一时，就因为社会上老实人太多。他们作威作福、发火撒气往往找那些软弱善良者，因为他们清楚，这样做并不会招致值得忧虑的后果。在我们身边就有这样的受气者，他们因软弱而为人所欺。一个人的软弱，事实上助长和纵容了他人侵犯你的欲望。

人是应该有一点锋芒的，虽然不必像刺猬那样全副武装，浑身带刺，至少也要让那些蛮横霸道的恶人感到无从下手，得不偿失。

在这个世界上，大多数人感到好人似乎总是得不到好报。当我们过于倾心于讨好他人而太好说话时，他人也许会得寸进尺，捉弄我们。他们希

望压得你低人一等，使你灰心丧气，这样你就不会阻碍他们前进的路途。

凯丽是一家电视台的新闻主持人。她在这家电视台干了五年多，她主持的新闻节目最近被评为当地最受欢迎的节目，可是这五年来她向事业顶峰的攀登，并不一帆风顺、轻而易举。

三年前，当她不得不与电视台谈判签订合同时，她遇到了严重的阻力。

电视台经理曾向她暗示，他不会让她续签合同；没让她走人，她应该感到很幸运。她很清楚地听出了言中之意：你是个姑娘，姑娘们不应该咄咄逼人。

当她要求修改合同时，电视台经理大发雷霆。但她坚信自身的能力，拒不让步。每天新闻部主任都把她叫到自己的办公室，对她的工作横加指责，而且在每次训斥结束时总说："签合同吧。"四个月过去了，她仍然毫不动摇。最后，电视台经理答应了凯丽提出的每一项修改的要求。

在签订合同之前，她曾去征求一位律师的意见。这位律师建议在措辞上做几处小小的改动。她回到电视台告诉上司此事时，他们大吃一惊，又一次暴跳如雷。上司们直言不讳地说，他们认为她的行为太自私，不道德。即使这时，凯丽也不让步。

此后，凯丽与同一家电视台又签订了一项为期3年的合同，这一回容易多了。正如她说的那样："如今，他们知道我是一个什么样的人。我说到做到。跟我在一起工作的很多人对我说，我应该要求比我真正想要的更多，然后再让步，这样能使主管们有胜利感。可是对此我不以为然。我要求他们给我提供必要的条件，而其他锦上添花的东西我是不会奢求的。"

这个故事的意义不在于凯丽的谈判手法，因为没有什么条条框框能左右你应该得到比你想要得到更多的东西。我们应该注意和分析的是使凯丽如此坚强的精神。她被迫每日顶住电视台领导的恫吓，与此同时，她又不得不以一个妙趣横生的记者的职业风度，兴致勃勃地面对摄影机镜头每日播送新闻。她从不让谈判中滋生的那种情绪影响自己的工作，凯丽具有一种强烈的自我价值观，她勇敢地保护自己免受威胁的伤害，为了自己获得应该获得的东西而战。

假如你不理直气壮地坚持要得到属于自己的权利，他人就不会帮助你。即使你想要维护自己的权利，也会有人阻止恫吓你。

其实，“好人”也可以保持好的特性，没有必要使自己变坏；而且叫一个好人不“好”也不太容易。但是面对社会中的险恶之人，“好人”还是要有保护自己的方法。那么好人有什么办法可以保护自己呢？

要确立自己待人处世的原则。有了原则，自然会有所为，有所不为。但怎样坚守原则却也是“好人”困扰之所在，因此还要有拒绝的勇气。假如你拒绝他人几次，他人自然就不敢随便对你做出无理或有害于你的要求。不过你还得有明辨是非与独立思考的能力，否则就会拒绝不应拒绝的事，接受不该接受的要求。

适度地抗议和生气。有些人以欺负好人作为生存的乐趣，因此，当你受到不公平的待遇时，要有勇气抗议，这种抗议必须要有气势，不必得理不饶人，但要充分表达你的立场。至于生气，也不必闹翻天，但要让对方了解你的立场。一般喜欢捏软柿子(欺负好人)的人，心都是虚的(因为他不敢去欺负“坏人”)，因此，你的抗议和生气会产生相当程度的效果。

你也可以采取适度的报复，不过实施这种报复时，轻重要拿捏得准，否则会让自己良心不安，反而造成自己的痛苦，而且一不小心，被对方反咬，也会得不偿失。因此，若无把握，报复能不要就不要，但报复确有其效果。

总之，要想不被人欺，就要武装自己。你不必去攻击他人，但必须能保护自己，就像自然界的很多小动物，它们也都有基本的自卫能力，否则，连自己是怎么受人陷害的都不知道，这不也令人感到悲哀吗？

生气不如争气

一个心胸狭窄的妇人，老是控制不住自己，为一些琐碎的小事而生气。

想改掉这个坏毛病，便去求一位大师为自己开解。

大师听了妇人的讲述，一言不发地把她领到漆黑的柴房里，然后把门锁了，就离开了。

妇人气得破口大骂。骂了许久，大师也不理会。妇人又开始哀求，大师仍置若罔闻。妇人终于沉默了。大师来到门外，问他：“你还生气吗？”妇人说：“我只为我自己生气，我瞎了眼，怎么会到这地方来受这份罪。”“连自己都不原谅的人怎么能心如止水？”大师拂袖而去。

过了一会儿，大师又来问妇人：“还生气吗？”“不生气了。”妇人说。“为什么？”“气也没有办法呀。”“你的气并未消逝，还压在心里，爆发后将会更加剧烈。”大师又离开了。

大师第三次来到门前，妇人告诉他：“我不生气了，因为不值得气。”“还知道值不值得，可见心中还有衡量，还是有气根。”大师笑道。

当大师的身影迎着夕阳立在门外时，妇人问大师：“大师，什么是气？”大师打开房门，将手中的茶水洒在地上。妇人想了很久，终于恍然大悟，向大师叩谢而去。

气就是消，既然这样我们为什么要生气？有一句经典名言说“生气是拿别人的错误来惩罚自己”，这句话是很有道理的。大多数情况下，我们生气主要是因为别人干了让自己不满的事情或者看不惯别人的所作所为。既然别人已经错了，我们为什么还要犯同样的错误呢？我们为什么不大度一点，看开一点，幽默一点，让别人的错误随风而散呢？

随着现代生活节奏的加快，不少人因为压力过大而常生气，有时候甚至乱发脾气，但生气对我们有百害而无一利。据科学家研究发现，生气对人体的健康有以下害处：令皮肤长出色斑，引起胃溃疡，加快脑细胞衰老，伤肝，引发甲亢，伤肺，损伤免疫系统等。

生气不仅对我们生理上产生不利影响，对我们心理也会产生负面作用。在生气的状态下，我们会做出很多冲动的事情，结果后悔不已。在生气的状态下，你的情绪不稳定，处理问题失去理智，往往会做出错误的决策；在生气的状态下，你不分对象，每一个人你都看不顺眼，往往你控制不住自己而把别人当作出气筒。

古希腊有一个叫斯巴达的人，他一生气就跑回家去，然后绕自己的房子和土地跑三圈。后来，他的房子越来越大，土地也越来越多，而一生气时，他仍要绕着房子和土地跑三圈，哪怕累得气喘吁吁，汗流浃背。

孙女问：“爷爷，你生气时就绕着房子和土地跑，这是为什么呢？”

斯巴达对孙女说：“我年轻的时候，一和人吵架、争论、生气时，就绕着自己的房子和土地跑三圈。我边跑边想：自己的房子这么小，土地这么少，哪有时间和精力去跟别人生气呢？一想到这里，我的气就消了，也就有了更多的时间和精力来劳作了。”

孙女又问：“那你成了富翁后，为什么还要绕着房子和土地跑呢？”

斯巴达笑着说：“边跑我就边想啊，我房子这么大，土地这么多，又何必和人计较呢？一想到这里我的气也就消了。”

斯巴达生气时绕着房子和土地跑三圈气就消了，可谓是智者所为。我们应该学学他这种心态，学学他消解生气的方法。其实有很多方法和措施可以使我们避免生气。

比如试着在生气的时候说“没关系”。发生不顺心的事，遭到误解后，采用放松心理的方式，对自己说小事一桩。当你生气时，可以这样想，我为什么要生气呢？他这样做是他的权利，我为什么要惩罚自己呢？

可以嘴上不气，但可以在日记本上生气，记下你为什么要生气，值得不值得，久而久之，你就会控制自己的情绪了。要爱惜自己，要知道即使别人做的事情如何不对，生气首先伤害的是自己的身体。生气时，想想后果，别图一时之快，同时想想你的感受和对方的感受。当你不生气时，同那些经常受你气的人谈谈心，互相指出容易引起动怒的言行。

当你生气的时候也可以采用瞬间转移法来消解你的愤怒。比如，你刚刚因为受了老板的批评而生气，这时候你可以马上转移你的注意力，把你的注意力从生气这件事转移到其他的事件上去，比如想一想最近发生的令你愉快的事情，刚领了工资或者发表了一篇文章等。当你的情绪变得愉快的时候，你就会淡忘让你生气的事情。总之一句话，就是不要想让你生气的事情。

生气的时候可以采取适当的方式发泄，当然拿别人做出气筒也是一种发泄，不过这是最愚蠢的一种发泄，你发泄完后不但气没有消，反而惹来更多的气。你完全可以想其他的方法，比如听听音乐、跑跑步等。

总之，生气是拿别人的错误来惩罚自己，下面这首诗我们可以读一读：

人生就像一场戏，因为有缘才相聚。

相扶到老不容易，是否更该去珍惜。

为了小事发脾气，回头想想又何必。

我若气死谁如意，况且伤神又费力。

邻居亲朋不要比，儿孙琐事由他去。

吃苦享乐在一起，神仙羡慕好伴侣。

失败了更要昂首挺胸

对每个人来说，失败是一件十分正常的事情，每个人都应该有对失败和挫折的心理承受力。

平凡的人更不要把失败作为一粒种子埋藏在潜意识中，如果那样，很可能会把成功从根本上摧毁。像风吹过一样，不要让失败在心里留下任何消极影响，而要让失败转化为鞭策自己的力量，逐步走向成功。

人生中有成功就有失败，平凡的人失败了也并不意味着你就是一个失败者，失败只是表明你尚未成功；失败不意味着你没有努力，失败只是表明你的努力还不够；失败不意味着你必须忏悔，失败只是表明你还要吸取教训；失败不意味着你一事无成，失败只是表明你得到了经验；失败不意味着你无法成功，失败只是表明你还需要一些时间；失败不意味着你会被打倒，就算失败了，你依然要昂首挺胸地面对。

人人都有过失败，在人生的旅程上，有谁是一帆风顺的呢？没有那数不尽的经验总结，成功从何而来？因此，成功是建立在无数次失败之上的。为什么有些人能取得成功，而有些人却一辈子都是平凡的人呢？他们的区别就在于：在失败面前，弱者一味痛苦迷惘，畏缩不前；强者却坚持不懈地追赶失败后的成功，这才有了贫富之间的差距。找到了原因所在，平凡者就要清醒了：面对失败，不要向失败低头示弱，而应该昂首挺胸，重新扬帆，乘风破浪。终有一天，你会摆脱平凡，走进成功人士的圈子。

世上的事并不是说你有信心去做，就会成功的。俗话说：失败是成功之母。没有失败的教训，哪会有成功呢？平凡的人不能被失败吓倒，要勇于向失败挑战。假如一次失败了，便情绪低沉，一蹶不振，那又怎么能成功呢？摔倒了固然痛苦，但成功只属于那些失败后也会昂首挺胸的人。

只有坚守信念，才能守得云开见月明。只有彻底击败心底的溃退，才能走向成功。不要被挫折击垮，也不要被失败吓倒，更不要蹉跎在过去的岁月当中。凡人，只有经得起挫折，才能真正成为掌握命运的强者，真正的强者是永不言败的。强者在挫折面前会愈挫愈勇，而弱者面对挫折就会颓然不前。

每个人都有遇到挫折时，有些人或许会想：我是凡人，我失败了就一无所有了。这种想法是错误的，假如你因一时受挫，而对自己的能力产生怀疑，进而形成一种压力，那么，你一辈子就只能是凡人。

虽然现在你是凡人，但当你遇到挫折时，也应该保持头脑清晰，勇敢面对、不要逃避。因为逃避是不能解决问题的，只有冷静地分析自己失败的原因。假如是自身因素的话，那么就应该好好反省一下，为什么会犯这样的错误呢？今后应该怎样做，才能避免同类事件的发生呢？事情已发生了，不要急于去追究责任或是责怪自己，而应该想想事情是否还有挽回的余地。要是有的话，应该怎样做才能把损失或伤痛减到最低呢？应该怎样做自己才会感觉舒服一点呢？这才是失败后应该做的事情。

在当今社会中，人大约可以分为两种。第一种是在人生的道路上停步不前或缓缓地徘徊。这种人不会经历失败，也没有成功，但假如一辈子都这样过，这就是一场失败的人生。与这样的人讨论失败的问题就没有意义了。第二种人向着目标一直前进，这样就难免失败，在失败面前，他们依然昂首挺胸向前走，他们所走的每一步也就成了成功的记录。作为凡人，你当然应该选择做第二种人。

假如要向目标一直前进下去，就应该善待失败。当一个人在路上摔了一跤时，他有两个选择：第一，倒在那里不走了，这一生就失败了；第二，站起身继续走，这一种选择就是一个成功，站起来又是一个成功，再走出一步，后面还有无数个成功。凡人就应该走第二条路，在哪里跌倒就在哪里爬起来，这才是强者的选择，这样才能走向成功。

假如善待一次失败，就可以避免下一次同样或类似的失败，善待每一次失败就可以避免更多的失败。在平时如果失败过又能善待，就可以避免在关键的时候失败。

凡人更不能抱怨生活给了你太多的磨难，也不必抱怨生命中有太多的曲折。大海如果失去了巨浪的翻滚，就会失去雄浑；沙漠如果失去了飞沙的狂舞，就会失去壮观；人生如果仅去求得两点一线的一帆风顺，生命也就失去了存在的魅力。人生就是由无数个失败才走向成功的，少了失败的插曲，成功也是没有任何意义的。

失败是一道菜，一道难以下咽的苦菜，因为你穷，所以你要把它吃下去。当朋友离你而去，当苦苦追求的梦想屡受挫折，你便知道了人间的苦涩。你徘徊，你失落，甚至想死，但你还是不能放弃。当你昂首挺胸地把失败这道菜吃下去时，你就会意识到，失败不过是酸甜苦辣的人生中的一碟小菜，并没有你想象的那么难吃。

凡人在失败时一定要昂首挺胸，同时也要学会主动与他人交往。遇到挫折而气馁的人，常常垂头是失败的表现，是没有力量的表现，是丧失信心的表现。成功的人，得意的人，获得胜利的人总是昂首挺胸，意气风发。昂首挺胸是富有力量的表现，是自信的表现。凡人失败时的昂首挺胸，也是维护其自尊的表现。

古今中外，大多数成功者都经历过失败，可贵的是他们的勇气。马克·吐温经商失意，弃商从文，结果一举成名。因为他曾经微笑面对过失败。

巴尔扎克说："世界上的事情永远不是绝对的，结果因人而异，苦难对于天才是一块垫脚石，对能干的人是一笔财富，对于弱者是一个万丈深渊。"只要在失败中吸取经验教训，思考原因，这样，我们才会变得成熟，才会成功。

因为平凡，在激烈的竞争求职面前，或许你会无能为力，于是你失败了；在汹涌的经济大潮面前，你无能为力，于是你又失败了；在日益巨大的社会压力面前，你无能为力，于是你还是失败了……失败把你压得喘不过气来，失败把你折磨得心力交瘁。你失败了，于是你感到无助、胆怯、彷徨……面对接连的失败，你也许会受不了打击，不知道该怎么办。英国著名演讲家布朗曾说过：“失败只是一次经历，而绝不是人生。”

失败并不可怕，只要你找出失败的真正原因，以一颗积极的心态去善待失败，那么，失败就会远离你。但是，如果你不敢接受失败，一味逃避失败，在失败面前总是寻找一些客观的理由，那你就犹如掉进万丈深渊，你的生活就会灰暗一片。

当你不断失败时，你也正在不断接近成功。失败一次，你就得到一次失败的教训，你就知道了下次该怎样去做。人生旅途本来就是崎岖不平的，你不能因为一次失败就停滞不前。失败犹如沼泽地，你越是不能很快地脱身，它就越可能把你陷住，你也就越陷越深，直至不能自拔。此时，最关键的就是要立即昂首挺胸地从失败的漩涡中跳出来，不管花费多大的代价。因为只有跳出来，你才能看到一望无际的蔚蓝天空。

人类从猿到人，直立起来行走，在这个过程中失败累累。如果一失败就不再昂首挺胸，那至今还只能是猿。人之所以有作为，皆因在失败之后仍毫不气馁，能昂首挺胸继续走自己的路。

每个人的生活工作，每项改革创新的事业，对每个参与者来说，都存在着同样的失败的可能。区别仅在于：对待失败的态度不同。有的在失败面前低下了头，弯下了腰，失败真成了“失败”，成了永远记录在案的“失败”。相反，在失败面前昂起头来，挺起胸来，则失败不过是走向成功的一个必经阶段。成功不属于懦弱者，只属于愈挫愈奋、越战越勇的勇敢者。失败和成功一样，都是我们人生的宝贵财富。

能够昂首挺胸面对失败，是自信，是清醒，是情操，也是境界。不要为一次次的失败而懊丧，失败后应该勇敢地站起来，更深入地思考，更顽强地探索，昂首挺胸向前走，相信成功会属于你的。

“人的生命犹如江水在奔腾，不遇到岛屿和暗礁难以激起美丽的浪花。”失败对于每一个人来说都是永远不可能避免的，只要你在失败面前敢昂首挺胸，坦然善待失败，你就会战胜失败。

不向败局妥协

面对可能出现的败局，我们不能听之任之，因为这种败局只是一种可能，没有必然性，因此，在可能失败之前，我们必须先保证不失败，或者力求少失败。

孙子曰：“昔之善战者，先为不可胜，以待敌之可胜。不可胜在己，可胜在敌。”意思是从前会打仗的人，先要造成不会被敌人打败的条件，再等待可以战胜敌人的机会。不会被敌人战胜，主动权操控在自己手中；能不能战胜敌人，却在乎敌人是否犯错误给我们创造了制胜的机会。

纵观古代的很多战例，大凡军队出征之前，定当部署守土之兵；军队行进之时，必先安排断后之将；两军交战之后，均须防备对方晚上劫营。照此做法，两军对垒之时，有可胜之机则战而胜之，无取胜之便也不会被敌人所乘而致落败。

其实人生也是这个道理，你若想在政界脱颖而出，必须言不逾矩，行不忤法，否则授人以柄，难免前功尽弃，到时候纵有高才奇志也是枉然。你若想在商界崭露头角，便不能过度负债或违法经营，否则或在商战之中落马，或在法纪面前翻车。即使做个靠薪水度日，凭手艺谋生的小百姓，也要洁身自好，不给人以可乘之机，以免惹下麻烦。

先为不败而后求胜，不仅是兵家保存自己，夺取胜利的谋略，同时也对人们求生存、图发展有着很好的指导意义。我们要想事业一帆风顺，便应经常寻找自己在法律的、经济的以及人际关系等方面的可能致败之处，并加以防范或及时补救，这样才能使自己求胜的理想置于无虞的基础之上，使理想之花结出胜利之果。假如经过一番艰辛的拼搏，事业仍然成功无望，此时当事人便应进行深刻的分析，看看是主观原因的影响还是客观条件的制约，并采取相应的对策摆脱困境。

有些事本来是可以成功的，但当事人或是办事方法选择不妥，有如缘木求鱼终不可得；或是有利条件利用不够，有如顺风行船只用双桨不扯帆；或是主观努力尚有欠缺，有如推车上坡进二退三，以致事业或开局不利，或半途受阻，或功败垂成。此时，当事人必须找出主观原因的症结，然后对症下药，以求力挽败局。

有些事或似陆地行船，缺乏成功的基础；或似竹刀伐木，受制于客观条件，其结果自是不言而喻，只能以失败而告终。此时当事人便应拿出壮士断腕的气概，放弃徒劳无功的努力，以便再筹方略，另闯新路，这样才有可能出现柳暗花明又一村的全新局面。

“对症下药”与“另闯新路”，这是面对败局两种截然不同的思维方式，前者立足于解决战术上的问题，后者着眼于纠正战略上的错误，面对败局究竟应选择哪条路，这就全靠当事人的分析与判断了。

此外，面对失败，走向成功，你必须唱好三部曲：

超前思考，变不利为有利。大凡人们办事，一般都会碰到一些有利条件，也会遇见一些不利因素。此时，当事人便应超前思考，力争将不利因素转化为有利条件，使事业增添胜算。例如，在《三国演义》里，诸葛亮与周瑜想火攻曹操水军，但冬季只有西北风而无东南风，深知天文知识的诸葛亮正是利用这一点麻痹曹操，他算定甲子日开始将刮三天东南大风。届时依计而行，结果火凭风势，风助火威，孙刘联军的一把大火便大破曹军于赤壁。

稳步推进，积小胜为大胜。办事应循序渐进，不可急于求成，只有稳步推进，积小胜为大胜，事业的成功才能有一个坚实的基础，才能避免倾覆之危险。在曹、孙、刘三支力量的对比中，刘备虽处于劣势，但刘备在诸葛亮的辅佐下，先取荆州以为事业的起点，后取天府之国益州作为事业的根本，进而南伏获得蛮荒之众，北掠陇西等战略要地，终于实力大增，在后来魏、蜀、吴三国鼎立之中，成为一支举足轻重的力量。1997年的东南亚金融风暴刮至香港，香港政府为维护港币的稳定而决然出击，他们在股市上采用步步为营，积小胜为大胜的战略，与国际金融巨鳄索罗斯斗智斗勇，终于使索罗斯损失惨重铩羽而归。

精彩结尾，将理想变现实。千里行船，离码头虽仅一箭之遥，仍不算到达目的地；万言雄文，在结尾若有一句冗词，也称不上精彩文章。办事也是如此，如果前紧后松，草草收场，很可能胜券在握之事竟流于失败结局。我们办事必须像飞行员远航归来一样，只有完成最后一个制动动作，将飞机安然停在停机坪的预定位置上，才能算是完成一个精彩的起落。人们只有精神饱满、严肃认真地使事情精彩结尾，才算是真正将理想变为现实。

人们若能事事唱好上述“三部曲”，则人生就能够吸取失败教训，从而不断地获取成功。

自己要先看得起自己，别人才会看得起你

孟子说："富贵不能淫，贫贱不能移，威武不能屈，此之谓大丈夫。"意思是说，高官厚禄收买不了，贫穷困苦折磨不了，强暴武力威胁不了，这就是所谓的大丈夫。大丈夫的种种行为，表现出的这种气概，我们今天就叫做骨气。做人，首先要先看得起自己，别人才会看得起你，这就是骨气。

气，代表一个人的气质、涵养。有的人容易生气，动不动便发脾气；有的人则充满侠气，与人交往讲究义气。一个容易意气用事的人，做事血气方刚，得意时意气风发，不如意时怒气冲天；反之，一个沉得住气的人，处世能心平气和，该维护正义时，又能正气凛然。

做人一定要有骨气，不卑躬屈膝，不唯唯诺诺，挺起腰杆做人，绝不苟且偷生，这样才会活得有尊严，有价值，有意义。一个有骨气的人，同样也会得到他人的尊敬，即使一无所有，就凭一身傲骨也不会被人看不起。人穷志不穷，就是为了这一口气，我们也要活出个样来。

小张是一个打工仔。父亲死得早，母亲改嫁了。为了供小弟小妹读书，小张一个人来到一座陌生的城市打工。

小张还没有找到工作，身上的钱也花光了，只好在街上流浪。

他情不自禁、不知不觉地走进一家叫做风林的书店。小张对书十分

喜爱，不知为什么，只要一见到书，他就觉得浑身充满力量。他暗暗发誓，一定要挣到钱，好让弟弟妹妹能念上书。

小张拿着一本书看得入了神。这时候，外面的吵闹声打扰了他，一种本能的好奇心促使他走出了书店，竟然忘记了把书放回原处。原来是两辆自行车在书店门口相撞了。纠纷平息后，小张才发现书还在自己的手里，于是赶紧转过身去，打算把书放回原处。就在这时，书店的老板娘气势汹汹地跑了出来，不容分说，就给了小张一个耳光，骂道："你这个小偷！不要脸的家伙！没教养的东西！"

小张惊呆了，好一会儿才为自己辩解道："我不是小偷！我是想买这本书。"可话一说完，小张就后悔了，他身上根本就没有钱买书。

"那好，那你把钱掏出来！"

"这……"

"掏啊！怎么不掏！还说不是小偷。你们这种人我见多了，没有钱就偷书，上回我还抓了一个！"

小张不再做任何辩解，他把身上惟一一块值钱的手表做了抵押，要老板娘给他一周的时间，一周后带钱来买下这本书，只有这样才能证明他的清白。

一周后，小张没有来。老板娘轻蔑地笑了。又过了一周，小张仍然没有来，但他的弟弟来了。弟弟把20块买书钱给了老板娘，买下了那本书，换回了小张的手表。老板娘忍不住问了一句，他，怎么没有来？

"他死了。"

"死了？"

"他在工地上做小工，被失事的起重机砸死的。这是我在我哥书包里看到的一张字条。"小张弟弟把纸条递给老板娘，"我哥不是你想的那种人。"说完，就离开了书店。

老板娘摊开纸条，只见上面写着：我欠风林书店20块钱。我一定要挣到钱买下那本书，我不是小偷！

小张的不幸让我们叹息，但他的骨气却让我们敬佩。一个人在自己的一生当中，做人处事就要带那么几分傲骨，所谓“士可杀不可辱”，你可以要他的命，但是你不能侮辱他，不能伤害他的尊严。

文天祥有诗云：“人生自古谁无死，留取丹心照汗青。”尽管被拘囚在地牢里，受尽折磨，元朝多次派人劝他，只要投降，便可以做大官，但他坚决拒绝，终于在公元1282年被杀害了。他就是有骨气的代表。头可破，血可流，就是不能低下高贵的头！

古时候有一位才子，琴棋书画样样精通，可是怀才不遇，屡试不中，最后只得靠出卖自己的字画来维持生计。

他在家门口摆了一个书画摊，现场为客人写字作画，围观的人好不热闹。他规定，一副对联五文钱，一副匾额十文钱，一幅画一两银子。

没有生意时，这位才子就在一边弹琴。

有一次，一位官员被他的琴声所吸引，循声而来，刚开始还以为是哪一家的书香门第呢，没想到，竟然是卖字画的穷小子。但是，这位官员马上被这些的字画迷住了，这种飘逸洒脱的字画他以前从来没有看见过。

官员打算买下几幅字画，回去好好观摩观摩。出于同情，官员买了几幅现成的字画，却给了他五两银子，说不用找了。但才子执意把多余的钱退还给了官员。官员想，天底下还有这么傻的人，给他钱竟然不要。莫不是装的吧？为了试他一试，这位官员故意把钱袋趁他不注意时落在他的书画摊上，然后就离开了。大约走了几米远，官员听见后面有人叫他，回头一看，正是卖字画的那位穷小子。

“这是你掉的钱袋。”

“谢谢。真不知道该如何感激你。”

这位官员不仅为他的才气所感动，更为他的骨气所折服，决定要助他一臂之力。回到家后，官员请来了许多社会名流一起鉴赏他买回来的字画。这些达官贵人都以为这些字画是这位官员所作，赞不绝口。等官员说出真相后，更是惊讶不已。在官员的大力宣传下，才子结识了更多的社会名流，一传十，十传百，这位才子的名气越来越大，最终成为江南四大才子之首，他的名字就叫唐伯虎。

因此，世间的人，应该努力培养自己的气质，做人至少要有一点骨气。有骨气的人，走到哪里，都能受人尊重，都会受人礼敬。假如没有骨气，无论走到哪里，都摆脱不了被奴役的性格，都不会受人尊重。因此，一个有骨气的人，自有其不同于一般人的人格特质。唐伯虎就是这样一个有骨气的人。

不吃嗟来之食的故事我们都听过，一个穷人饿得快死了，也不肯吃他人丢给他的一碗饭。因为那一碗饭不是善意的，是一种蔑视。对付蔑视的最好方法就是更加蔑视。那人摆出一副慈善家的面孔，吆喝一声：“喂，来吃！”这种架势就像喂狗一样，谁都受不了。假如穷人吃了这碗饭，以后的日子更不好过。不仅要受肉体折磨，还要受精神折磨，还不如饿死。

是的，人固有一死，或重于泰山，或轻于鸿毛，我们应该学学文天祥，与其苟活一世，不如轰轰烈烈地离去。人为尊严和自由而战，我们应该学学陶渊明，不为五斗米折腰。

软弱不能解决问题

我们平常总是听许多人尤其是那些功成名就之后的人感慨平平淡淡才是真，蔡志忠说："我用十年的时间名满天下，赚了一千万。倘若重新给我选择的机会，我只用这十年去看看高山，听听流水，别的什么也不做。"王蒙说："我更倾向未成名前简简单单的读书生活。"一些早已体验了世间百味，经历了无数荣誉与挫折，走过了不尽弯曲与坎坷的人说出这样的话是毫不为怪的：为了成功的极大付出后，终归于平淡。

然而，更多的人并没有成功过，却也叫着平平淡淡才是真，这与成功人士成功之后回归平平淡淡的心境并无共通之处。不成功却也叫着追求平淡，其实是软弱的一种托辞。

安于平淡并无益——拘泥于平淡之中，人们会泯灭奋发向上的信念，会陷于平庸无求的窠臼，一生难有大的作为。因为，时代在飞速发展，奇迹在不断出现，满足于平淡，只能使奋进的热血冷却，创新的精神萎缩，使自己最终被现实社会淘汰。

1996年，李东华代表瑞士参加亚特兰大奥运会，并获得了体操鞍马冠军。这让45年来首次获得世界体操冠军的瑞士人万分欣喜，把李东华尊称为"英雄"。事实上，英雄的背后有血也有泪，李东华的艰辛只有他自己最能体会。

李东华是四川人，16岁入选中国国家体操队。在1984年一次训练中，李车华严重撞伤，被摘除了脾脏和肾脏；1986年，李东华双脚跟腱在比赛中又同时断裂；1988年的一次训练中，厄运再次降临在李东华的身上，他从双杠上失手，头触地，锁骨和脊椎严重挫伤。但无论遭受多大的苦难，倔强的李东华始终坚持训练，参加比赛。

“因为与瑞士姑娘结婚我来到这里。”李东华说，“瑞士虽然美丽富裕，但并非一切都如天堂，刚到这里，我几乎一无所有，除了我的太太。”

按照瑞士政府的规定，李东华必须要等待5年之后才能入籍瑞士参加国际比赛。为了维持生活，他上午搬运大型汽车轮胎、洗汽车、挖马路、当油漆匠，下午和晚上坚持体操训练和学习。在自己当教练的艰苦条件下，他熬过了整整5年十分孤独的训练时光。

终于，1996年亚特兰大奥运会上，李东华以29岁的“体操高龄”圆了奥运冠军梦。李东华所创造的奇迹在奥运会历史上也是罕见的。

奋斗，只有不断地奋斗，才能有精彩的人生。人生绝不是一段简单的流程，活着就意味着一次又一次重新诞生。生活无论是贫穷还是富有，无论是顺境还是逆境，都不能用软弱去注释。要想让人生充满希望，让生活富有质量，你就要突破自我封闭的重围，斩断世俗紧固的锁链，让不满的车轮辗碎平庸的陈旧观念，以战胜者的姿态走出地平线。

要知道，人生的永恒，不是软弱，而是追求。每个人生于世间时，他只是一张白纸。而后漫漫岁月间，他所做的一切便是为这张白纸增添尽可能多的色彩，一幕绚丽的彩画才是我们的最圆满结局。那些饱尝世上滋味的成功者早已将他的人生画卷涂抹得色彩斑斓。他归于平静的原因只是想静下心来做一些最后的修改。或许是真的有些倦了，一旦休息时，他会觉得很是惬意，于是便说出了上面的话语。但是倘若真的让时光倒转，我想蔡志忠依旧会不懈地画他的漫画，王蒙仍然会不倦地做他的文章。

将生活变得更丰富、更有意义、更有价值，体验成功的喜悦，这是每个人最基本的愿望。只有这样，我们才真正体验到生活的原味，才使生活中的甜愈甜、苦愈苦、涩愈涩，才真正地了解了生活。

然而成功意味着痛苦，意味着超人的付出，意味着这样或那样的代价。于是有些人开始放弃努力。努力可能失败，而放弃，永不会遭遇挫伤。于是，这些人开始为自己找寻可靠的理论基础，既然如此众多的名人已宣称“平淡为本”，那么，自己就“平平淡淡才是真吧”。而看似毫无苦痛，平静的人才却是最大的可怜者，临死时，他只有这一种淡淡的滋味。

人生可以平凡，但不可软弱。成功者最基本的要素就是具有积极向上的心态，高度的责任心再加上不断的努力。你的这种精神、这种思想、这种心理就是你的法宝，是你成功的力量。

日本帝国大饭店虽然已有百年历史，但它仍为日本第一流饭店。帝国大饭店的前社长，在年轻时，从日本坐了两个月的船到英国去学习“旅馆经营”，他刚到英国时，人家让他擦玻璃，他十分生气，心想：“要擦玻璃，我不会留在日本擦吗？为什么要大老远跑来学擦玻璃？”他除了不愿意，还十分沮丧。有一天，他看到一个英国佬一边吹口哨一边擦玻璃，把玻璃擦得发亮，就好奇地问他：“擦玻璃有什么值得高兴的？”那个英国人就回答：“你看看我擦的玻璃，照亮了每一个人，而你擦的玻璃却一点都不明亮。”语毕，他恍然大悟：我们做任何事情都要热心、彻底、全心投入，这样才能做得好，做得愉快。

英国人的一句话改变了这位日本青年的一生，日后他回到日本成为帝国大饭店的社长。假如当时人家叫他擦玻璃时，他说：“我不干了”，就打包回日本，我想，那他恐怕就没有机会当上社长了。

一个不想被称为懦夫的人，必须改变自己的态度，以积极的态度去面对生活，面对工作，不断地追求更好的人生，努力拼搏，只有这样，才不枉白来世上活一回。

挺住了困难，意味着战胜了一切

困难是人生的一种历练，没有人能不经历任何困难而取得成功。在走向成功的道路上，我们不得不付出很多的汗水，不得不经历很多的困难和挫折。很多人在困难和挫折面前退缩了、放弃了，甚至结束了自己的生命。这些都是一种弱者的行为。

纵观那些成功者，他们成长的经历中也不乏一些困难、挫折，比如说那些大公司的经理、老板、政府的高级官员以及各方面的佼佼者，他们很多都是来自贫寒的家庭、破碎的家庭、偏僻的乡村甚至是贫民窟，所受的教育是最差的，生活质量也是最差的，甚至很多人所经历的困难比任何人都大：曾经付出了血的代价。但是这些人最终成功了，即便曾经摔倒过，但是他们爬起来了，继续前进，继续往前冲。

阿利克斯·哈利一直梦想成为一名自由撰稿人，为了这个梦想，他离开了已经工作了20年的海岸卫队来到了纽约。他租了一间储藏室来居住，这间小屋又阴又冷，而且没有浴室。但他并不在意这些，于是就在这里开始了他的写作生涯。

一年时间很快就过去了，哈利在写作上仍然没有一点突破，挣的钱仅够勉强糊口。但哈利仍然坚持他多年的梦想，继续为之奋斗。即使前面等待他的是无数次的失败和坎坷，哈利都一直坚持着。他的名气开始慢慢地大了起来。后来，哈利开始写一些大家所关注的问题，比如说民权、美国黑人等等，他独到的见解和分析赢得了大家的眼球。

随后，在写作的刺激下，哈利的思绪也回到了他的童年，在他那件狭窄的小屋里，哈利仿佛又听见了长辈们讲述其家族和奴隶制度的故事，但是这些故事都是美国黑人所忌讳谈及的，哈利想来只把它们埋在心底。有一天在和一些编辑们吃午饭的时候，哈利告诉他们，他想写一部家族史，从他的家族中被贩运到美国的第一代人写起。就这样，午饭后他拿到了一份合同，他们保证给哈利9年的生活费用，让哈利专门从事这方面的写作。坚持终于让他取得了成功，他的作品《根》发表了，一瞬间，哈利获得了几乎是空前的声誉。

现实生活中和哈利一样经历困难的人很多，哈利只是其中一个非常普通的代表。但是从他身上，我们看到了一些成功的希望：知道了在经历困难的时候该如何抵抗困难的袭击；知道了如何让困难变成成功的跳板，在血与泪的缝隙中寻找胜利的曙光。

那么在困难来临的时候，我们该如何抵抗呢？

正确评估困难。困难有大有小，在面对困难的时候一定要正确地评估这些困难，到底有多大，到底需要多少毅力才能克服，只有这样才能更好地克服它。那些轻言放弃者，那些轻易退缩者之所以没有胆量挑战困难，很大一部分人就是过分地夸大了困难的难度，比如说只不过是渡过一条小溪的问题，在他们看来就有跨越长江、黄河般的困难。

对待困难，只有三个字：不要怕！困难像弹簧，你弱它便强。在做什么事情时，如果困难是来自自己，那就要战胜自己，将事情按部就班地做下去。比如，学习知识，哪里不行就从哪里开始。总之，就是要想尽办法学好它。自己实在解决不了时，也可以寻求帮助。

对待挫折，也有三个字：不要悔！人生做错事，就像下棋走错步一样，是不可避免的。我们当然应该从中吸取教训，一味的自责于事无补。

对待解决困难的任何事情，同样有四个字：立即行动！每天都要有计划，将计划写到纸上，或者写在自己的小本子上，做完一件勾掉一件，每天都要做完当天的事情，今日事，今日毕。

总之，困难并不可怕，可怕的是很多人不敢去面对，不愿意去面对，这是一个死结。因为如果没有挺住困难，那么就意味着你失去了一切；相反，你就战胜了一切，得到了一切。

再卑微，也不要低声下气

在大千世界里，我们都是沧海一粟，极其微不足道。但是作为一个人，一个完整的人，我们有着自己独立的灵魂，有着自己不可磨灭的尊严。人活在世上，总要讲究一种活法。一个人可以被击败，但尊严不能被征服。

卑微者地位低下，居于社会边缘，既不是权贵，也不是主流，他们的社会属性缩减到维持现状的程度，因而他们几乎只有人的自然属性。卑微者很少有机会参与社会的政治、文化和经济生活，他们的参与能力受到社会怀疑，甚至他们个人也怀疑自身的参与能力。卑微者的生活状态，接近于人的本质，以出生到死亡的过程为目的。

作为一个人，无论是卑微还是显贵，不仅要生活在实在的空间，还要在时间中挣扎。人的高贵并非体现在摄取和占有，而是体现在人性尊严的维护和坚守，高贵与否是关系生命本质的伦理问题。

凡人就算再卑微，也要保持自己的尊严，也不能忍气吞声。为了自己的立场，必须学会反抗。假如一味地乖乖就范，凡事逆来顺受，只会增加他人的侵略性和争夺性。别人会想一味的掠夺你，控制你的一切，将你视为奴隶使唤，这样，你就永远没有出头的一天。

台湾著名作家三毛当年只身赴海外学习，临行前，双亲一再叮嘱，告诉她在一个陌生的环境里一定要夹着尾巴做事、低着头做人，少说话，多做事。她也确实按照父母的意思去做了。寝室里所有的杂务都是她一个人去做。开始大家还有些不好意思，可渐渐地，人们认为这个中国女孩是个老好人，没脾气，把她的忍耐当作了愚蠢，对她越来越过分，要求越来越多，把她的劳动当作理所当然。后来，竟然连内衣裤都要三毛去洗。这样的日子持续了将近一年。最后身心俱疲的三毛再也无法忍受了，有一天，她把长期的忍气吞声全都发泄了出来，把她们的自私、得寸进尺、贪婪虚荣狠狠骂了一顿。直到这时，人们才明白过来，原来这个女孩子不是一个傻子，她也有她的硬骨头，有她的底线和尊严。从那以后，再也没人敢轻视她。更出人意料的是，直起腰板做人的三毛不仅没被大家孤立，反而赢得了人们的尊敬，和所有人成了朋友，其中有些人一直都在和她保持着联系。

是啊，其实三毛的经历我们很多人可能都有过，过于忍让，反倒纵容了他人。很小的时候，我们并不懂得那么多的道理，只喜欢按性子行事，结果总是不断地碰头，摔跟头。之后，我们长大了，父母告诉我们做人一定要低头，遇人遇事先要低三分头，处处忍让，为的只是少一些麻烦，少一点伤痛。为了不磕头，不摔跟头，我们开始学会了低头做人，低头处世，把自己的锋芒收敛起来，小心翼翼低头走路，变成了卑微、没有个性的人。我们忘记了一旦低头超过了底线，连腰也弯下来，那么我们如何还能背起做人的尊严，生活的尊严？

其实，人生也像商场上的竞争。商人只要一瞄见对方生产出哪种新的产品，能为企业带来利润，就会不惜一切代价弄到手。面对某企业的掠夺和残酷的压迫，很多的企业家都选择逃避和退缩来解决问题，就因为他们的懦弱才导致将自己研究许久的新产品霎时拱手让人，成为他人的囊中物，也不敢多说一句。这多可悲啊！

凡人虽然身份卑微，但做人也要有骨气，决不能逆来顺受，要懂得反抗，当他人总让你帮他做这做那时，活像在命令你似的，佛都有火了，何况是人。那么你就该对他说，“我是人，不是你的奴隶，凭什么你叫我做这做那我就得听你的。别忘了，想要他人尊重你，就应该先学会尊重他人。假如他人也像你这样指使你做这做那，试问你有何感受？”只要你把话挑明来说，相信下次他再也不敢造次了，这就是以理制人。

或许有人会认为，在现实社会当中，“就业难”是一个很现实的问题。劳动力众多，而就业岗位有限，决定了劳动者必然要竞争，从而导致的结果是：劳动者在权益受到侵犯时，有的是不懂法，不知权益受到侵害；而有的是知道权益受侵害了，但认为找个工作不容易，不得不忍气吞声。这种想法就大错特错了，假如你不敢站出来，捍卫自己的权利，他人就会以为你好欺负，你就不会有好日子过。虽然自己很平凡，但也不要做忍气吞声的人。

咬紧牙关挺过去

大多数的人只是看到了成功人士的无限风光，而那些不为人知的经历才是他们眼中莫大的财富。面对困境，人们可能担心、惶恐、慌乱，也可能努力去解决问题。动摇和恐惧，会使问题更难解决，而集中精神努力去解决问题，才能挺过艰难的时刻。只有咬紧牙关，一步步努力撑下去。

秉性坚韧，是成大事、立大业者的特征。这些人获得巨大的事业成就，也许没有其他卓越品质的辅助，但肯定少不了坚韧的特性。已过世的克雷吉夫人说过：“美国人成功的秘诀，就是不怕失败。他们在事业上竭尽全力，毫不顾忌失败，即使失败也会卷土重来，并立下比以前更坚韧的决心，努力奋斗直到成功。”

坚韧、勇敢，是伟大人物的特征。没有坚韧、勇敢品质的人，不敢抓住机会，不敢冒险，一遇困难，便会自动退缩，一获小小成就，便感到满足。

那些一心要得胜、立志要成功的人即使失败，也不以一时失败为最后之结局，还会继续奋斗，在每次遭到失败后再重新站起，比以前更有信心地向前努力，不达目的决不罢休。他们不知道什么是“最后的失败”，在他们的词汇里面，也找不到“不能”和“不可能”几个字，任何困难、阻碍都不足以使他们跌倒，任何灾祸、不幸都不足以使他们灰心。

在一场国际现代舞蹈大赛中，世界各国都派出“舞林高手”展现舞技，其中有一项是华尔兹的比赛，有十多对来自不同国家的舞者，穿着亮丽的舞衣在场中翩翩起舞。

世界级的舞蹈比赛，男女舞者的舞技都是一流的，每个旋转、手势、眼神、微笑都是那么优雅，令人叹为观止。

正当所有观众都被现场气氛吸引时，有一位裁判慢慢地走到舞池边，静静地捡起一只红色的高跟鞋。然而，华尔兹的优美乐曲并没有停止，十多对舞者仍然一副专注、忘我的模样，微笑着继续舞蹈。

是谁掉了一只鞋？不可能是从天外飞来的，也不会是从房顶上掉下来的，一定是哪位女舞者在旋转时甩掉的。

音乐继续着，但是所有观众的目光，似乎都开始寻找“是谁掉了鞋”。

两脚高低不同，对一个舞者来说，是多么糟糕的状况啊！观众的目光搜寻全场，然而十多对舞者随着乐曲不停地旋转，根本看不出是谁出了问题。

直到华尔兹乐曲结束，观众才发现，其中一位女舞者正踮着脚，满面笑容地半弯着腰，向观众答礼；而观众向她报以热烈的掌声！或许，正是因为有困境的考验，人们才能不断超越自己。

著名心理学家、哲学家威廉·詹姆斯发现了这样的过程：“如果我们被一种不寻常的需要推动时，那么，奇迹将会发生。疲惫达到极限点时，或许是逐渐地，或许是突然间，我们超越了这个极限点，找到了全新的自我！”詹姆斯继续解释道，“此时，我们的力量显然到达了一个新的层次，这是经验不断积累、不断丰富的过程。直到有一天，我们突然发现自己竟然拥有了不可思议的力量，并感觉到难以言表的轻松。”

同样，我们拥有了高度自律的能力，我们也将拥有詹姆斯所描述的那种跨越“疲惫极限”并最终实现目标的能力。因为坚韧实际上也是一种习惯。坚韧这一习惯的过人之处便在于，你表现得越坚韧，你可能变得越坚韧。

如果你觉得目前自己前途无望，觉得周围一切都很黑暗惨淡，那么你应当立即转过身、回过头，朝着希望和期待的阳光前进，而将黑暗的阴影远远抛在身后。

第四章 不委屈自己：该出手时就出手

成熟的种子总是将头颅朝向大地，我们也因为敬畏命运而深深低下我们的头。但低头的时候别忘记，我们的身后还背着一些沉甸甸的、很重要的东西，人格、尊严、进取心……都是不可或缺的。习惯于低调的你，一定要注意别忽视了自己，别委屈了自己，该出手时就出手。

失败者任其失败，成功者创造成功

有句格言说得好：“失败者任其失败，成功者创造成功。”没有任何事是注定的。只要你勇于向前迈步，不要等待他人的恩惠。机会是要自己创造的，好运不会等着你。凡事要发挥自己的主观能动性，事事要靠自己的努力才是上策。

实际上，我们在遇到困难的时候，首先想到的不是寻找解决的办法，而总是选择放弃。这就为我们自己设置了一个障碍，不要时时刻刻都想着别人给我们帮助。俗话说：“自助者，天助之。”完全依赖他人的恩赐是不可能的，我们解决问题首先想到的应该是自助。

自然，人人都会遭受挫折。而面对这些挫折，千万不要“等、靠、要”，我们应该积极主动地改造自己，把握自己的命运，彻底打破不利的环境。

在通往成功的道路上，每一次机会都会轻轻地敲你的门。不要等待机会去为你开门，因为门栓在你自己这一面。机会也不会跑过来说“你好”，它只是告诉你“站起来，向前走”。知难而退，优柔寡断，缺乏一往无前的勇气，这便是人生最大的难题。

要善于发现机会，也要善于把握机会。没有一种机会可以让你看到未来的成败，人生的妙处也在于此。不通过拼搏得到的成功就像一开始就知道真正凶手的悬案电影般索然无味。选择一个机会，不可否认有失败的可能。将机会和自己的能力对比，合适的紧紧抓住，不合适的学会放弃。

用明智的态度对待机会，也使用明智的态度对待人生。不要为自己的失败找借口了，诸如别人有关系、有钱，当然会成功；别人成功是因为抓住了机遇，而我没有机遇等。这些都是你维持现状的理由，其实根本原因是你自身没有什么目标，没有勇气，你是胆小鬼，你根本不敢迈出成功的第一步，你只知道成功不会属于你。

在我们周围，常常会发现这样一些人，他们很有才智，而且十分勤奋，但是很少看见他们有出色的成绩。他们迟迟不能有出色成绩的原因，很大程度上就是因为他们总是只想不做。他们的心里总是不断地出现各种主意，但是他们从来不把这些想法落到实处。然而空想是想不出结果的，只有动手去做，才能把握先机。只有这样，你才可能取得成功。等待是等不出结果的。

有些人不是没有成功立业的机遇，只因不善抓机遇，因此最终错失机遇。他们面对机会，总是患得患失，摇摆不定，不敢下定行动的决心，他们做人好像永远不能自主，非有人在旁扶持不可，即使遇到任何一点小事，也得东奔西走地去和亲友邻人商量，同时脑子里更是胡思乱想，弄得自己一刻不宁。于是愈商量、愈打不定主意、愈东猜西想、愈是糊涂，就愈弄得毫无结果，不知所终。

没有判断力的人，往往使一件事情无法开场，即使开了场，也无法进行。他们的一生，大半都消耗在没有主见的怀疑之中，即使给这种人成功的机遇，他们也永远不会达到成功的目的。机会稍纵即逝，拖延只会让机会白白丧失。

克服犹豫不决的方法是，先“排演”一场你必须要面对的复杂战斗。假如手上有棘手活而自己又犹豫不决，不妨挑件更难的事先做。生活挑战你的事情，你定可以用来挑战自己。这样，你就可以自己开辟一条成功之路。成功的真谛是：对自己越苛刻，生活对你越宽容；对自己越宽容，生活对你越苛刻。

想法能否成功被实现，在很大程度上还取决于有没有养成迅速行动的习惯。当你有了良好的行动习惯时，你就会自动冲破一切阻力，进入良性的行动循环中，加速走向成功。只要你认准了路，确立好人生的目标，就永不回头，“该出手时就出手”，向着目标，心无旁骛地前进，相信你一定会到达成功的彼岸。

自信使人的优势扩大，而自卑则使优势缩水

自信是优势的源泉。一个人自身所具有的优势和他在学习、工作、生活中表现出来的能力并不总是1∶1的关系，有的比这个大，而有的却比这个小，这取决于这个人的自信度。

许多人在学业和事业上屡遭挫折，他们总是习惯性地把挫折归结为自身优势的不足。其实，即便在这些自信心不足的人身上，也往往有着巨大的、远远超出常人想像的优势——只不过，优势的主人并没有意识到，或者意识到了却不知该如何发挥这些优势罢了。

相反，那些自信心十足的人总能不断地从自己身上找到一种前进的动力，总能设法将自己身体里的优势超水平地发挥出来。也就是说，从他们自身的优势，到他们在学习、工作和生活中表现出来的能力，这个映射中似乎隐藏了一种神奇的“放大”效应：有自信的人优势会扩大好几倍，而自卑的人的优势则会缩水好几倍，即便在周围人的眼中，这些自卑者身上的优势很多，可是真正到了需要的时候，他们却发挥不出来。

一个叫亨利的青年移民，从小在福利院里长大；身材矮小，长相也不漂亮，讲话又带着浓厚的法国乡下口音，所以他一直很瞧不起自己，连最普通的工作都不敢去应聘，没有工作，也没有家。

但是有一天，他的好朋友约翰兴冲冲地跑过来对他说：“亨利，告诉你一个好消息，我刚刚从收音机里听到一则消息，拿破仑曾经丢失了一个孙子。播音员描述的相貌特征，与你丝毫不差。”

“真的吗，我竟然是拿破仑的孙子！”亨利一下子精神大振。联想到爷爷曾经以矮小的身材指挥着千军万马，用带着泥土芳香的法语发出威严的命令，他顿感自己矮小的身材同样充满力量，讲话时的法国口音也带着几分高贵和威严。

第二天一大早，亨利便满怀自信地来到一家大公司应聘。20年后，已成为这家大公司总裁的亨利，查证自己并非拿破仑的孙子，但这早已不重要了，因为他已经靠着自己放下了自卑，拥有了一切。

放眼看看古今中外的那些成功的人士都是不乏自信的。有了自信，心里就具备了成功的底气，做事就容易成功；而没有自信，做事情则是患得患失，或者没有目的，干到哪里算哪里。对此，美国作家爱默生说了一句非常经典的话：“自信是成功的第一秘诀。”

确实如此，如果一个人连自己都不信任自己，别人又怎么可能信任你呢？自己是不是最棒并不重要，但一定要相信自己是最棒的，只有这样，今后才有可能成为最棒的；也只有如此，自己的优势才能发挥出来。

但是很多人不是天生就是一个自信的人，而是通过后天培养的，那么这些人是通过什么方法来帮助自己走向自信的呢？不妨看看以下几种方法：

1. 赞美自己，从潜意识做起

自信基本上可以算是一种感觉，只能意会不能言传，不过通过一定的“学习”还是可以提升自信的。比如说尝试让自己的言语充满自信，多用一些表示肯定的暗示和语言等等。因为你讲的每一个字都会在不知不觉中影响着你的潜意识。如果一个人的每句话都带着消极、失望的情绪，那么他肯定会越来越自卑。改变说话的习惯可以帮助你获取足够的自信。

2.用言行增强自信

容易受别人影响的年轻人要勇于表达自己，并善于用自己的言行增强自信心。一般说来，一个有自信心的人总会在表达和沟通时注意以下几点：多用有魄力的词语，如“我”“我认为”“我希望”“我要求”“我决定”等等；还有比如多说一些肯定的词汇，如“是”“肯定”“必定”等等；比如说经常鼓励自己走出去，和周围人交朋友，甚至还可以让自己做一些能增强自己信心的事情。即便它很简单，你也一定要把它做好，否则，你不仅不能提高自己的自信心，反而自信心会受挫。

3.正确对待别人的看法

很多时候不能因为过于在乎别人的意见而失去了自己的想法和主见，不要未经判断就盲目接受他人的立场。这是一种埋没自己的表现，更是一种不够自信的表现。因此在对待别人的看法的时候应该一分为二地：好的吸取，不好的摒弃。

4.有自己的想法和主见

在与人交换意见的过程中，绝对不可以在原则问题上让步。具体做法有：比如说讲话清晰，声音中底气十足，善于用语调、音量、停顿来强调话语里的重点信息；比如说主动和对方目光接触，向对方传达“我对自己充满自信”的讯息；还比如说坚持“真理”，不随意接受别人的意见；表述时不让他人随意打断，也不默许他人不理会自己的意见；对听众足够尊重，不担心听众不尊重自己；拒绝沉默，主动表达自己的想法……

5.恰当地表现自我

自信心是要通过自我表现来不断加强的。只有将自己的能力、自己的见解充分展示出来，才能真正看到自己对他人的影响力，才能从这种影响力中获取足够的自信。在表现自我的时候要注意表达的方式、方法。一个有自信的人和一个没有自信的人说起话来是大不一样的，明眼人只要两秒钟就可以看出他们之间的差异。

6.补短的同时更应该懂得扬长

当你认识到自身的价值并做了最终决定之后，即便有人反对，你也不必在意——你就是你自己，你的自信可以帮助你发挥优势，释放潜能。完善自己的关键在于认识到自己的短处并且取长补短。但是很多时候补短的同时更应该懂得扬长，因为现在许多年轻人缺乏自信的主要原因就是，以往的教育过分强调补短，而没有强调扬长。

当然，自信并不是教人夜郎自大、不思学习、不思进取，而是教人要有信心、去学习、去实践。很多时候，你之所以失败了，并不是因为对手有多强大，而是因为你自卑的心态。记住：这个世界上能打败你的不是你的对手，而是你自己。对于你的优势来说，惟有放下自卑心态，才能战胜一切困难。

追求成功，立即行动

只有当你付诸行动后，才能得到你意想不到的成效。为了主宰自己的生活，我们就要积极地行动。实际上，每个人都具备着充分发挥上帝赋予我们潜能的必要工具、能力和条件。但是，真正想发挥出潜能，就一定要去实实在在做事情——目标明确且持之以恒地去行动。

比尔·盖茨说："想做的事情，立刻去做。当'立刻去做'从潜意识中浮现时，立即付诸行动。"

你能够使成功成为你生活中的组成部分，你能够使昨日的理想成为今日的现实。但是，靠愿望和企求是不行的，必须动手去做才能让你的理想实现。因为只有行动才会产生结果，要成功就要知道成功的人都采取什么样的行动。

有很多人这么说："成功开始于想法。"但是，只有这样的想法，却没有付出行动，还是不可能成功。

你必须研究成功者每一天都在做些什么，他们到底做了哪些跟你不一样的行动，如果说你可以如法炮制他们的行动，那么，你一定会成功。

一个业务员要成功，必须拜访好多客户，假如他不知道，最顶尖的业务员一天拜访多少个客户，那么他根本就没有获得成功的机会；假如他无法付出顶尖业务员所做的行动，他就无法提高成绩。

成功的人永远比一般人做得更多，当一般人放弃时，他们寻找下一位顾客；当顾客拒绝他时，他再问他们："你到底要不要买？"当顾客不买时，他问："你为什么不买？"他们总是在找寻怎样才能改进自我的方法，以及顾客不买的原因，他们永远在不断地改善自己的行为、态度、举止和自己的人格；他们总是希望知道人们为什么跟他买、为什么不跟他买的原因，他们总是希望更有活力，产生更大的行动力。

相形之下，很多人饱食终日，无所用心，不做运动，不学习，不成长，每天都在抱怨一些负面的事情，他们哪来的行动力？

记住！永远是你采取了多少行动让你更成功，而不是你知道了多少。所有的知识必须化为行动，因为只有行动才有力量。

不管你现在决定要做什么事，不管你现在设定了多少目标，请你一定要立刻行动，必须积极地努力。

成功者从来不拖延，也不会等到"有朝一日"再去行动，而是今天就动手去干。他们忙忙碌碌尽其所能干了一天之后，第二天又接着去干，不断地努力、失败，直至成功。

要记住这句老话："今天能做的事情，不要拖到明天。"成功者一遇到问题就马上动手去解决。他们不在发愁上浪费时间，因为他们深知，发愁并不能解决任何问题，只会不断地增加忧虑。当成功者开始集中力量行动时，立刻就兴致勃勃、干劲十足地去寻找解决问题的办法。

你遇见过那种喜欢说"假若……我已经……"的人吗？有些人总是喋喋不休地大说特谈他以前错过了什么成功机会，或者正在"打算"将来干什么渺茫的事业。

失败者总是考虑他的那些"假若如何如何"，所以总是因故拖延，总是顺利不起来。

总是谈论自己"可能已经办成什么事情"的人，不是进取者，也不是成功者，而只是空谈家。"实干家"是这么说的：假如说我的成功是在一夜之间得来的，那么，这一夜乃是无比漫长的历程。

不要等待“时来运转”，也不要由于等不到而觉得恼火和委曲，要从小事做起，要用行动去争取胜利。

从现在起，不要再说自己“倒霉”了。对于成功者来说，勤奋工作就是好运气的同义词。只要专心致志去做好你现在所做的工作，坚持下去直到把事情做好，“机会”就会来到。

怨天尤人不会改变你的命运，只会耽误你的光阴，使你没有时间去取得成功。如果你想要“赶上好时间、好地方”，就去找一样你能够拼上一拼的工作，然后努力去干。幸运不是偶然的。只要勤奋工作，就会把幸运女神召唤来。

立即行动，可以实现你最大的梦想！

记住下面的两种想法：

第一，切实执行你的创意，以便发挥它的价值，不管创意有多好，除非真正身体力行，否则永远没有收获。

第二，实行时心理要平静。每天都可以听到有人说：“如果我十年前就开始做那笔生意，早就发财了！”或“我早料到了，我好后悔当时没有做！”一个好的创意如果胎死腹中，真的会叫人叹息不已，永远不能忘怀。假如真的彻底施行，当然也会带来无限的满足。

记住，马上去做！

马上行动可以应用在人生的每一阶段，帮助你做自己应该做却不想做的事情。对不愉快的工作不再拖延，抓住稍纵即逝的宝贵时机，实现梦想。想要打电话给一个久未联络的朋友吗，马上行动！

为自己站起来

在生活中，有些人，因为境遇不佳而终日消沉懈怠、不思进取，最终陷入自暴自弃的漩涡不能自拔。这些人的思想和生活中充满了失意和空虚，没有一丝阳光和半点绿意。生活带给他们的不是美好的享受，而是可悲的痛苦。他们在抱怨生活的同时，失去了对生活的激情，总是怀着得过且过的心理去混工作，去混生活，去游戏人生。在这样一个自暴自弃的恶性循环中，他们不知不觉地失去了再学习的机会，失去了被提升的机会，失去了挣钱的机会，最终也就失去了走出失意的机会。

一位商人在路边看到一个衣衫褴褛的乞丐在推销铅笔，顿生一股怜悯之情，于是顺手把一元钱丢进乞丐的怀中，就走开了。但他又忽然觉得这样做不妥，就连忙返回，从那人手里取出几支铅笔，并抱歉地解释说，自己忘记取笔了，希望他不要介意。最后他说："你跟我都是商人，你有东西要卖，而且上面有标价。"几个月后，在一个社交场合，一位穿着体面的人迎上这位商人，并自我介绍："你可能已经忘记了我，我也不知道你的名字，但我永远忘不了你。你就是那个重新给了我自尊的人，我一直觉得自己是个推销铅笔的乞丐，直到你走来并告诉我，我是一个商人为止。"

因商人一个小小的举动，乞丐意识到了自己的尊严和价值，从此改变

了自己的一生。当一个人点燃了自尊之火，自卑的荆棘将被焚烧殆尽，从而摆脱卑微，去证明自己绝不是一个弱者。

实际上，任何的自食其力都比无所事事甚至卑微地乞求更好。唤醒了潜藏和沉睡的自尊，我们就获得了重新积聚力量的机会和重新审视、评估自己的能力，从而以积极的心态去做改变命运的努力。

大部分的人，他们并不是缺少才能，也不缺乏天赋，他们缺的是认识自己和开发自己的勇气和力量。他们常常这样想：我的祖父是这个样子，我的父亲是这个样子，我理所当然也是这个样子。如果每天都用这样的声音告诉自己，那么我们心里残存的理想和抱负，甚至那点自尊就会被一点点地吞噬，剩下的只有唉声叹气、自怨自艾。

怎样从自暴自弃、消极沉沦中走出来？海伦·凯勒，一个耳朵不能听、眼睛不能看、嘴巴不能说的女子，却成就了非凡的教育事业；身残志坚的美国前总统罗斯福，凭借着顽强的毅力，连任13年总统，成为一代典范政治家。他们之所以没有因缺陷而沉沦，就在于他们能够面对现实，不花一分一秒的时间去责怪别人，埋怨上天、父母或自怨自艾，而是努力让自己身上仅存的优点变成优势，并发挥得淋漓尽致；他们在“改变”以后，都极虔诚地热爱生命、了解生命的本质，换言之，是生命的光热帮助他们走出自暴自弃的阴影，克服障碍，跨越世俗的成功。

每个人的身上都蕴藏着巨大的能量，同时也蕴藏着信心，而平凡者往往并不知道自己有多大的能力。如果把自己身上的信心挖掘出来，相信自己的才能，并不断努力的话，你潜在的能量就一定会被挖掘出来。并使你的人生变得无限光明，最终做出一番令人赞赏的业绩。

人在步入社会之后，不可避免地要遭遇困难和挫折，这时正是考验你自信心的时候。假如你面对这些能够从容不迫、沉着冷静，那么在以后的人生道路上就没有什么可以阻止你的了。但假如你被它们吓倒，那就只有失败的结局了，因为从来没有一个缺乏自信的人会取得成功。假如你感到自己的信心不足，那就一定要让自己站起来，加强培养，只有这样，才能使你身上的潜能得到释放，并坚定不移地去实现你的目标，最终获得成功。

请记住鲁迅先生的一段话吧：这世界上本没有路，走的人多了，也便成了路。人生少有壮举，但倒下还是站立，却反映了我们内心的选择。站立，不仅是一种姿势，更是一种尊严，一种精神，一种使命，一种人生的态度。

很多时候我们不够勇敢

为什么我们总是觉得现实比想像的差几分？为什么我们的梦想总是难以实现呢？答案有两个。一是心灵可以左右我们的梦想和行动，二是我们不相信自己能够做得到，在很多时候不够勇敢。

人不到社会做事则已，假如到社会上做事，总免不了遭受挫折，往往是做大事遇大挫折，做小事遇小挫折。如果做事能始终得心应手一帆风顺，那就是成功。做大事的大成功，做小事的小成功，不做事的人不成功。但是假如希望全世界无论智愚贤肖，都是成功的人，那么也是一种幻想，绝不会成为事实，而且事情无论大小，做起来都没什么不顺的话，那就分不出谁智，谁愚，谁贤，谁不肖了。而一帆风顺在贤者智者看来，反而觉得波平如镜毫无刺激，生活的意味也太平淡了。

有本领的人，多半希望生活能有曲折，多变化，才觉得够刺激而时时有所收获。因此做事的曲曲折折，是给你的一点刺激，正可提高你的注意力，考验你的能力，训练你的品性。

从表面看，挫折是你的失败，然而再做进一步探讨的话，挫折对你是有益而无损的，在很多情况下说教是无用的，而必须经过实际的挫折才能成功，面对挫折，要勇敢地向前走。

多年以前，罗伯·许默尔在亚历桑纳州开了一家音响店，有一天他到洛城探望妹妹，顺道去夜总会看了一场喜剧表演，表演到一半，许默尔的妹妹突然说道："你和台上这些明星一样有搞笑的本领，为什么不试试演演喜剧呢？"许默尔愣了一下，随即答道："别开玩笑了，这我可做不来。"过了几天，他们又来到这家夜总会，当晚的表演完全开放，给业余选手大显身手的机会，许默尔的妹妹也悄悄帮他报了名。节目进行到一半，主持人突然说："现在，让我们欢迎来自亚历桑纳州的许默尔先生。"

许默尔几乎不相信自己的耳朵，傻愣愣地坐在原地，待他反应过来时，早已被哄上了台。面对全场观众的掌声，迫于情势，他只好硬着头皮，拿自己的父亲、母亲大开玩笑。两分钟的脱口秀表演，让台下观众几乎笑破肚皮。下台后，夜总会老板连忙一把抓住他："如果你想走这行的话，随时打电话给我，我马上为你安排档期。"

这时的许默尔脑海里浮现了一幅他连做梦都想的景象：自己成为一位知名的笑星，和自己的偶像雷诺、塞菲尔同台演出。回到亚历桑纳州之后，他将自己的梦想告诉太太，匆匆处理了家产，举家迁往洛杉矶，追逐他的明星梦。

一到洛杉矶，他连妹妹家也没去，带着老婆就直奔夜总会。谁知道，眼前看到的不是富丽堂皇的夜总会，而是一片余烬未熄的废墟。原来，夜总会在前一天晚上被烧毁了。

受此重挫的许默尔并没有就此放弃他的梦想，他说："那天晚上首次登台之后，我就暗暗发誓，一定要回洛城一展才华，因为那是我的梦想！虽然看到夜总会一夕成灰，我却没有立即逃回家，反而在当地找了一份贩售音响的工作，还四处打听哪里有业余表演场所。我必须这么做，因为我的梦想如此鲜明，我知道自己已经别无选择。与其小心翼翼，害怕失败，不如孤注一掷，一定会有成功的机会。不过当然，你必须先有妥善的计划，也必须身体力行才可以。"这不，他就这样一步一步走过来了。

今天，许默尔不仅经常和他敬仰的笑星同台演出，还被《拉斯维加斯评论报》选为年度喜剧演员，《时代》杂志也撰文推介他刚出版的CD。他的成功全都归功于他对自己的未来有所憧憬，不管面对什么阻碍，他都不愿放弃。这不正是一般常人所不具备的东西吗？

当我们进行规划，制定决策，作出抉择时，必须谨记一个重要的观念：我们是自己生命的建筑师，预先设定的远景和想像自己是何等模样，以及为此而采取的行动，将会成为梦想兑现的基石。

有些人在遭遇挫折后，总是不先自己设法应付，却先想到可以求救，朋友有力，就向朋友求救，教他人来冲锋，自己坐享其成。这样虽然遭到挫折，却和未遭到挫折一样，因自己的生活经验一点也不会丰富，即使成功，这成功也好像芝草短根，豆泉短源，一点也不稳固。

有些人遭到挫折时，并没有后援可以求救，逼得他不得不自己去应付，然而一面应付，一面却感到棘手，于是就发牢骚，以为“我生不辰，逢此鞠凶”，以为人为其易，我为其难，于是奋斗精神就打了很大的折扣。如此一来，小挫折还能勉强应付，大挫折就一定应付不了了。他的牢骚，绝不是对挫折而发，而是对人而发，以为一切亲戚朋友，都是见义不为，都是坐观成败，却不知道自己的奋斗程度，还达不到引起亲戚朋友同情的程度。

有些人在遭遇挫折时，把自己的能力估计得太低，把挫折估计得太高，因此心慌意乱，不敢与之奋斗，立即竖起了白旗，自愿投降，认为前面的路既然走不通，倒不如向后退去，以保全实力，与其前进使玉碎，不如退后求瓦全。于是他的人生，只有采用“混”字诀，混到哪里算哪里，抱着混的人生态度，还有什么成功可言？只好做人的附庸，受人支配，受人指挥，做些无关紧要的工作，希望工作越简单越好，责任越轻越好。望见了困难，便往别人身上推，或急急躲到后面去，免得遭遇挫折，他自以为这是所谓的不吃眼前亏呢！

当人们遭遇挫折的时候，最本能的反应就是摆脱困境逃到很安逸的地方去。可是他们常常不知道，成功就在他们附近。正因为消极的情绪占了上风，成功往往会失之交臂，假如我们有积极的情绪，不是一味放弃，而是对自己及周围环境，自己所做的事进行一番认真分析，再前进一步，那么结果将是多么令人振奋!而我们所要做的，仅仅是用积极的情绪，正确地面对挫折！没有人可以使你逃避，没有人可以阻止你再前进一步。当然，更没有人可以抢走你的成功——除了你自己。

决定了的事情就要全力以赴，毫不犹豫

人们做事的时候都希望把风险降到最低，事事求保险，这当然无可厚非。但是有时候，机会稍纵即逝，稍一犹豫就很可能错失良机。做任何事情都是有风险的，假如一味拣有把握的事情做，那么你的人生可能永远是碌碌无为。

有些人一旦遇到了棘手的事情，就要去和他人商量，这种优柔寡断的人，既不太相信自己，也不会被他人所信赖。有些人简直优柔寡断到无可救药的地步，他自己不敢决定任何一种事情，不敢担负起应负的责任。而他们之所以这样，是因为他们不知道事情的结果会怎样——究竟是好是坏，是吉是凶。他们经常对自己的决断产生怀疑，不敢相信他们自己能解决重要的事情。因为犹豫不决，很多人错失了成功的大好机会。

华裔电脑名人王安博士，声称影响他一生的最大的教训，发生在他6岁之时。

有一天，王安外出玩耍，路经一棵大树时，突然有什么东西掉在他的头上，他伸手一抓，原来是个鸟巢。他怕鸟粪弄脏了衣服，于是赶紧用手拨开。

鸟巢掉在了地上，从里面滚出了一只嗷嗷待哺的小麻雀。他很喜欢它，决定把它带回去喂养，于是连鸟巢一起带回了家。

王安回到家，走到门口，忽然想起妈妈不允许他在家里养小动物。

因此，他轻轻地把小麻雀放在门后，匆忙走进室内，请求妈妈的允许。

在他的苦苦哀求下，妈妈破例答应了儿子的请求。王安兴奋地跑到门后，不料，小麻雀已经不见了。一只黑猫正在那里意犹未尽地舔着自己的嘴巴。王安为此伤心了好久。

这件事给了王安终身受益的教训，他由此得出一个结论：只要是自己认为对的事情，绝不可优柔寡断，必须马上付诸行动。不能做决定的人，固然没有做错事的可能，但也失去了成功的机运。

美国拉沙叶大学的一位业务员前去拜访西部一小镇上的一位房地产经纪人，想把一个“销售及商业管理”课程介绍给这位房地产商人。

这位业务员到达房地产经纪人的办公室时，发现他正在一架古老的打字机上打着一封信。这位业务员自我介绍一番，然后介绍他所推销的这个课程。

那位房地产商人显然听得津津有味。然而，听完之后，却迟迟不表示意见。

这位业务员只好单刀直入了：“你想参加这个课程，不是吗？”这位房地产商人以一种无精打采的声音回答说：“呀，我自己也不知道是否想参加。”他说的倒是实话，因为像他这样难以迅速作出决定的人有数百万之多。

这位对人性有透彻认识的业务员，这时候站起来，准备离开。但接着他采用了一种多少有点刺激的战术。下面这段话使房地产商人大吃一惊。

“我决定向你说一些你不喜欢听的话，但这些话可能对你很有帮助。

“先看看你工作的办公室，地板脏得可怕，墙壁上全是灰尘。你现在所使用的打字机看来好像是大洪水时代诺亚先生在方舟上所用过的。你的衣服又脏又破，你脸上的胡子也未刮干净，你的眼光告诉我你已被打败了。

“在我的想像中，在你家里，你太太和你的孩子穿得也不好，或许吃得也不好。你的太太一直忠实地跟着你，但你的成就并不如她当初所希望的。

“请记住，我现在并不是向一位准备进入我们学校的学生讲话，即使你用现金预缴学费，我也不会接受。因为，假如我接受了，你将不会拥有去完成它的进取心，而我们不希望我们的学生当中有人失败。

“现在，我告诉你你为何失败。那是因为你没有作出一项决定的能力。

“在你的一生中，你一直养成一种习惯：逃避责任，无法作出决定。结果到了今天，即使你想做什么，也无法办得到了。

“如果你告诉我，你想参加这个课程，或者你不想参加这个课程，那么，我会同情你，因为我知道，你是因为没钱才如此犹豫不决。但结果你说什么呢？你承认你并不知道你究竟参加或不参加。你已养成逃避责任的习惯，无法对影响到你生活的所有事情作出明确的决定。”

这位房地产商人呆坐在椅子上，下巴往后缩，他的眼睛因惊讶而膨胀，但他并不想对这些尖刻的指控进行反驳。

这时，这位业务员说了声再见，走了出去，随手把房门关上。但又再度把门打开，走了回来，带着微笑在那位吃惊的房产商人面前坐下来，说：

“我的批评也许伤害了你，但我倒是希望能够触怒你。现在让我以男人对男人的态度告诉你，我认为你很有智慧，而且我确信你有能力，但你不幸养成了一种令你失败的习惯。但你可以再度站起来。我可以扶你一把——只要你愿意原谅我刚才所说过的那些话。

“你并不属于这个小镇。这个地方不适合从事房地产生意。你赶快替自己找套新衣服，即使向人借钱也要去买来，然后跟我到圣路易市去。我将介绍一个房地产商人和你认识，他可以给你一些赚大钱的机会，同时还可以教你有关这一行业的注意事项，你以后投资时可以运用。

“你愿意跟我来吗？”

那位房地产商人竟然抱头哭泣起来。最后，他努力地站了起来，和这位业务员握握手，感谢他的好意，并说他愿意接受他的劝告，但要以自己的方式去进行。他要了一张空白报名表，签字报名参加《推销与商业管理》课程，先交了头一期的学费。

3年以后，这位房地产商人开了一家拥有60名业务员的大公司，成为圣路易市最成功的房地产商人之一，他还指导其他业务员工作，每一位准备到他公司上班的业务员，在被正式聘用之前，都要被叫到他的私人办公室去，他把自己的转变过程告诉这位新人，从拉沙叶大学那位业务员初次在那间寒酸的小办公室与他见面开始说起。

因此，对成功来说，犹豫不决、优柔寡断是一个最危险的仇敌，在它还没有对你施加影响，破坏你的机会之前，你就应该立即把这样的敌人置于死地。不要再犹豫，不要再思前想后，马上作出决定，就是现在。要逼迫自己迅速作出决策，不要在选择面前无所适从。

当然，对于比较复杂的事，在决断之前必须从各方面来加以权衡和考虑，但是一旦打定主意，就决不要再更改，不再留给自己后退的余地。一旦决策，就要有破釜沉舟的勇气。只有这样做，才能养成坚决果断的习惯，既可以增强人的自信，同时也能博得他人的信赖。有了这种习惯后，在最初的时候，也许会作出错误的决策，但由此获得的自信等种种卓越品质，足以弥补错误决策可能带来的损失。

赢得他人的尊重和敬畏

没有威严的人，大家即使与他交往，只是共同凑乐，不会真正地深交。因为这种交往并不会提升自己的人生价值。

性情豪爽是一件好事，但是态度过于随便的人却难以获得他人的尊敬，而且这种性情的人有时还会给自己的生活增加一些麻烦。比如，他们由于说话不注意分寸往往会惹长辈生气；不顾场合地开玩笑，无意间会伤害到朋友。另外，对待身份和地位比自己高的人采取这种毫无顾忌的态度，则会使对方觉得你很没有涵养，不值得重用；对待身份和地位比你低的人态度过于随便，也容易使对方误解，让他以哥们义气与你相待，甚至提出不当的要求。开玩笑的情形也是如此，假如你凡事都喜欢开玩笑，即使在讲真话时，也很难叫人相信你。

个性豪爽的人虽然比较好相处，但要受人尊敬，你就应该善于利用这种豪爽。以我们自己的生活体验，在一些娱乐性的场合，我们往往会想起这类人的好处。比如，因为那个人歌唱得很好听，我们感觉和他相处很愉快；或是因为某人舞跳得很好，因此，我们乐意找他去参加舞会；或者因为他喜欢讲笑话，十分有趣，所以我们高兴约他一起去吃饭……

人们之所以乐意在这些场合找他，主要是为了娱乐的需要。但是，假如人们只是在这种时候才想到他，这并不是一件什么好事，这也不是在真正夸赞一个人，反过来有可能是在贬损他。至少一个只有娱乐方面占“优势”的人，是不会被他人委以重托的，因而不大会受到人们发自内心的尊敬。

假如一个人仅以一方面的特长去获得他人的友谊，这样的人其实是没有什么价值可言的。由于他不具备其他特长，或者不懂得怎样来发挥其他方面的优点，他也就很难受到他人的尊敬。记住：一个重要的处世原则就是，不论在任何时刻、任何境地，都要保持一种“稳重”的生活方式和处世态度。

那么，到底如何才是具有稳重的态度呢？所谓具有稳重的态度，就是在待人接物中要保持一定的“威严”。当然，这种带有一定威严的态度与那种骄傲自大的态度是完全不同的，甚至可以说是与之完全相反。这种反差就如同鲁莽并不是勇敢的表现，乱开玩笑并不是机智一样。我们这样说，并无意去贬低那些具有良好心态的人，但是傲慢、自负的人确实很容易惹人生气，甚至让人嘲笑或轻蔑。

一个具有稳重态度的人是绝对不会随便向他人溜须拍马的；他也不会八面玲珑，四处去讨好他人；更不会去任意滋事造谣，在背后批评他人。具有稳重态度的人，不仅会将自己的意见谨慎、清楚地表达出来，而且还能平心静气地倾听和接受他人的意见。如此待人处世的态度，就可以说是一种具有稳重的威严感的态度。

这种稳重的威严感也可以从外在表现出来，即在言谈举止、表情或动作上都很自信、成熟且稳健。当然，假如你能在此基础上再加上机智或高尚的气质，就更能增强你的尊严感。相反，假如一个人凡事都采取一种嘻嘻哈哈或无所谓的态度，就会让人觉得你十分轻浮。假如一个人的外表看上去十分威严，但在实际行动上却草率之至，做事极不负责任，这样的人也仍然称不上是一个具有稳重威严感的人。

时刻积蓄奋战的力量

无论你怎么渴望，在春天来临之前，樱花绝不可能盛开；无论你怎样焦急，在时机尚未成熟的时候，做事必然无法成功。严冬来了，春天就不远了。樱树即使是被凛冽的寒风吹打，或遭遇到压弯树枝的大雪，仍然宁静地等待春天的驾临，充分表现了对于大自然恩惠的信赖。

不如意的事情过去了，好的时机必然来临。因此，凡是成大事的人，无不等待时机的来临。既不焦急，也不慌张，静静地处理眼前的工作。伟人等待时机的心情，恰似等待春天的樱树。然而，消极的等待，无异于企求侥幸。樱树虽然静静地等待春天，却无时不在养精蓄锐。没有储存潜力，时机即使到了，仍然一无所成。

愈需要等待，则内心愈是焦虑，这是人之常情。然而，自然的法则，却不能被人情所左右。这不是冷淡，时机对于静静等待它的人，无不以温暖的双手去迎接。因此，我们要能养成“善待时机”的心理。

一个名叫尤尔加的美国人的故事就很好地说明了这个道理。

尤尔加在底特律生活了一段时间以后搬到了新奥尔良。他在底特律时只是一个铅管匠，努力了好多年，也没有发展自己的事业，原因是缺乏资金。

刚搬到新奥尔良的时候，他带着老婆、三个孩子和120元钱，那是他全部的家当和资产。搬来后的第一天，他找了8家铅管公司，可是没有人愿意雇佣他，那些人只是告诉他人手已经够了。

无奈，第二天他跳上了一辆公共汽车，走过了一条长长的、繁忙的大街。那条街上有几家快餐店，他记下了窗口上张贴征聘店员广告的店名。走到路尽头时，他跳上了另一辆返回家的车，一路上去了四家快餐店，可是都没有找到工作。

最后，总算第五家店的经理对他有点兴趣。他向那个经理保证，他工作勤奋，而且做人诚实。那个经理告诉他，薪水相当低。但他告诉经理待遇不成问题，他会为顾客提供一流的服务。

他的工作一直做得都很努力，结果在六个星期之后他成了那家快餐店的营业部经理。在那期间，他结识了不少顾客，根据他们的要求，他改善了服务质量，提高了工作效率。9个月后，这家快餐店的老板把他叫到了办公室。原来这个老板除了经营餐饮业之外，还有别的投资项目，尤其是在房地产方面也搞得不错。这个老板看他的能力很强，也很敬业，就想派他去一座有90户的大厦当助理经理。

他当时就愣住了，然后告诉这个老板，他只当过铅管匠，对管理大厦一无所知。但老板笑着对他说："我查过你在快餐店的记录，利润增加了83%。管理大厦与管理快餐店的道理是一样的——乐于助人、推行计划和委派。我想你一定能让大厦保持客满，准时收到房租，而且保养良好。"

结果他接受了那个工作——工资是他在快餐店时的三倍，还有一间漂亮的公寓。两年后，他已经升为了高级经理。不久以后，他就有足够的钱开创他自己的事业——创办一家大规模的铅管企业。

尤尔加选择了一份很少人愿意去做的工作，但他最终却成就了自己的事业。因此，从哪里开始并不重要，重要的是你知道自己是要到哪里去。即使你选择了最不起眼的工作，假如你能让自己的目标明确起来，那你就能在平凡的岗位上为不平凡的事业做出充分的准备，就能为自己的事业打下坚实的基础，就可能实现自己的梦想，成为一个成功的人。

勇敢地去做你害怕的事

芸芸众生，在世界上往往无足轻重。其中一个原因，就是他们不敢做他们自己的事，不敢信他们自己的信仰，甚至不敢有自己的思想。他们做事时，常要求自己面面俱到，以免得罪他人。他们在开口之前，必先想方设法探听他人的意见与自己符合与否，然后才敢发表意见。结果其所发表的意见，只是人云亦云而已。

很多时候，成功就像攀爬铁索，失败的原因不是智商的低下，也不是力量的单薄，而是威慑于自己的无形障碍，被铁索周围的外在现象吓破了胆。假如我们敢于做自己害怕的事，害怕就必然消失。

有人问英国戏剧大师萧伯纳："为什么你讲话那么有吸引力？"萧伯纳答道："试出来的，就像学滑冰一样，开始时，笨头笨脑，像个大傻瓜，后来试的次数多了，就熟练了。"

曾有一位年轻的姑娘，10年前，一次车祸将她撞倒，医生说她瘫痪了。于是她感到头脑呆滞，双腿麻木，再也站不起来了。她每天都坐在轮椅上，以至于肌肉萎缩，情绪低落，生活彻底变了样。

转机发生在第二次车祸。5年后的某一天，当她连人带车被抛出人行道时，她忽然觉得大腿疼痛难忍。家里人不相信她会疼痛，因为，她早就被诊断是瘫痪的。于是，家里人把她送到一家大医院，医院外科专家确诊她根本没有瘫痪。经过一段时间的物理治疗，她开始站立、行走。除了深感幸运之外，她还深感遗憾。人说她瘫痪，她就相信自己真的瘫痪了。

当他人判定我们无能时，我们可以做的事仍很多。当自己以为对一切都已麻木时，实际上我们的心还会疼痛。何不试试？只要有痛感，就还活着，只要活着，就可以直立，迈步走向目标。

是的，她如果试一试，就不会被他人的话所控制。可见心理上这种无形障碍，会使人情绪萎靡，自信心丧失，肌体功能失调，久而久之，人会变得这也不敢干，那也不敢做，无形中就把自己归类到那些“注定”不会成功的人里边去了。

怕了一辈子鬼的人，一辈子也没见过鬼，恐惧的原因是自己吓唬自己。世上没有什么事能真正让人恐惧，恐惧只不过是人心中的一种无形障碍罢了。不少人碰到棘手的问题时，习惯设想出许多莫须有的困难，这自然就产生了恐惧感。

一个人遇上害怕的事，只要敢于试一试，就会觉得并没有什么，也没有你原先想像的那么可怕。每当你发现自己总是在回避你害怕做的事时，你还可以问问自己：“如果我真的去试一试这些怕做的事，最坏的结果会是怎样？”最坏的结果，决不会比你想像的更可怕。

有位推销员因为常被客户拒之门外，慢慢患上了“敲门恐惧症”。他去请教一位大师，大师弄清他的恐惧原因后便说：“你现在假如站在即将拜访的客户门外，然后我向你提几个问题。”

推销员说：“请大师问吧！”

大师问：“请问，你现在位于何处？”

推销员说：“我正站在客户家门外。”

大师问：“那么，你想到哪里去呢？”

推销员答：“我想进入客户的家中。”

大师问：“当你进入客户的家之后，你想想，最坏的情况会是怎样的？”

推销员答："大概是被客户赶出来。"

大师问："被赶出来后，你又会站在哪里呢？"

推销员答："就——还是站在客户家的门外啊！"

大师说："很好，那不就是你此刻所站的位置吗？最坏的结果，不过是回到原处，又有什么好恐惧的呢？！"

推销员听了大师的话，惊喜地发现，原来敲门根本不像他所想像的那么可怕。从这以后，当他来到客户门口时，再也不害怕了。他对自己说："让我再试试，说不定还能获得成功，即使不成功，也不要紧，我还能从中获得一次宝贵的经验。最坏最坏的结果就是回到原处，对我没有任何损失。"这位推销员终于战胜了"敲门恐惧症"。由于克服了恐惧，他当年的推销成绩十分突出，被评为全行业的"优秀推销员"。

"让我再试一试"，是成功者的必由之路。要试出好的结果，还要装出十分勇敢、无所畏惧的样子，而且全身心地表现出来。

人身上的潜能是无穷无尽的，为什么绝大部分却处于休眠状态？主要是受心理上无形障碍的影响和阻碍。假如你想充分发挥你自己身上的潜能，想知道自己能胜任什么事，那就从现在开始，把你身上的无形障碍，也就是你害怕做的事，一项一项排排队，写在日记里，由易到难定个跨越计划。然后从第一件害怕做的事做起，直到不惧怕为止。这样每完成一项，你就跨越一个心理障碍，解去一根捆绑自己心灵的绳索，消除一次"我从未做过"的念头，擦去一个"我不敢做"的想法。

俄国作家契诃夫说得好："有大狗，也有小狗。小狗不该因为大狗的存在而心慌意乱。所有的狗都应当叫，就让他们各自用自己的声音叫好了。"

我们也一样，不应该因为其他人在某方面比自己强就不敢前进，勇敢地走自己的路就是最好的。

远离没有抱负的日子

生活中有很多人没有确定目标和抱负，没有规划良好的人生计划，而只是一天天地得过且过。持有这种人生态度的，不要说取得全面的成功，即便是想取得某一领域的成功也是不可能的。

在生活的海洋中，我们随处都可以看到这样一些人，他们只是毫无目标地随波逐流，既没有固定的方向，也不知道停靠在何方，他们在浑浑噩噩中虚掷了多少宝贵的光阴，荒废了多少青春的岁月。他们在做任何事时都不知道其意义的所在，他们只是被挟裹在拥挤的人流中被动前进。假如你问他们中的一个人打算做什么，他的抱负是什么，他会告诉你，他自己也不知道到底要去做什么。他只是在那儿漫无目的地等待机会，希望以此来改变生活。

怎么可能指望一个在生活中没有目标的人到达某个目的地呢？怎么可能指望这样的人不处在混沌和迷惘当中呢？

从来没有听说过有什么懒惰闲散、好逸恶劳的人曾经取得多大的成就。只有那些在达到目标的过程中面对阻碍全力拼搏的人，才有可能达到全面成功的巅峰，才有可能走到时代的前列。对于那些从来不尝试着接受新的挑战，那些无法迫使自己去从事那些对自己最有利的却显得艰辛繁重的工作的人来说，他们是永远不可能有太大成就的。

任何人都应该对自己有严格的要求。不能一有机会就无所事事地打发时间；不能放任自己清晨赖在床上，直到想起来为止；也不能只在感到有工作的心情时才去工作。而必须学会控制和调节自己的情绪，不管是处于什么样的心境，都应当强迫自己去工作。

绝大多数胸无大志的人之所以失败，是由于他们太懒惰了，因而根本不可能取得成功。他们不愿意从事含辛茹苦的工作，不愿意付出代价，不愿意做出必要的努力。他们所希望的只是过一种安逸的生活，尽情地享受现有的一切。在他们看来，为什么要去拼命地奋斗、不断地流血流汗呢？何不享受生活并安于现状呢？

身体上的懒惰懈怠、精神上的彷徨冷漠、对一切就都放任自流的倾向、总想回避挑战而过一种一劳永逸的生活的心理——所有这一切便是那么多人默默无闻、无所成就的重要原因。

对那些不甘于平庸的人来说，养成时刻检视自己抱负的习惯，并永远保持高昂的斗志，这是完全必要的，要知道，一切都取决于我们的抱负。一旦它变得苍白无力，所有的生活标准都会随之降低。我们必须让理想的灯塔永远点燃，并使之闪烁出熠熠的光芒。

我们到处都可以见到这样的人，他们有着最良好的装备，具备一切最理想的条件，而且也似乎是正在整装待发，然而，他们行动的脚步却迟迟不能挪动，他们并没有抓住最好的时机。造成这一现象的原因就在于，在他们身上没有前进的动力，没有远大的抱负。

一块手表可能有着最精致的指针，可能镶嵌了最昂贵的宝石，然而，假如它缺少发条的话，它仍然一无用处。同样，人也是如此，不管一个年轻人受过多么高深的大学教育，也不管他的身体是多么的健壮，假如缺乏远大志向的话，那么他所有其他的条件无论是多么的优秀，都没有任何意义。

有这样一些颇具才干的人，尽管年逾30，但仍然没有选择好一生的职业。他们说并不知道自己适合做什么。对于这样的人来说，即便再怎么才华横溢，也会在漫无目的的东碰西撞中磨掉了身上的锐气。

雄心抱负通常在我们很小时就初露锋芒。假如我们不注意仔细倾听它的声音，假如它在我们身上潜伏很多年之后一直没有得到任何鼓励，那么，它就会逐渐地停止萌动。原因很简单，就跟其他没被使用的品质或功能一样，当它们被弃置不用时，也就不可避免地趋于退化或消失了。

这是自然界的一条定律，只有那些被经常使用的东西，才能长久地焕发生命力。一旦我们停止使用我们的肌肉、大脑或某种能力，退化就自然而然地发生了，而我们原先所具有的能量也就在不知不觉中离开了我们。

假如你没有去注意倾听心灵深处“努力向上”的呼声，假如你不给自己的抱负时时鞭策加油，假如你不通过精力充沛的实践有效地对其进行强化，那么，它很快就会萎缩死亡。

没有得到及时支持和强化的抱负就像是一个拖延的决议。随着愿望和激情一次次地被否定，它要求被认同的呼声也越来越微弱，最终的结果就是理想和抱负的彻底消亡。

在我们周围的人群中，这种最后抱负消亡、理想灭失的人数不胜数。尽管他们的外表看来与常人无异，但实际上曾经一度在他们的心灵深处燃烧的热情之火现在已熄灭了，取而代之的是无边无际的黑暗。他们在这块大地上行走，却仿佛只是没有灵魂的行尸走肉。他们的生活也就变得毫无意义。不管是对他们自己还是对这个世界，他们的存在都变得毫无价值。

假如说在这个世界上存在着一些可怜卑微的人的话，那么毫无疑问，那些抱负消亡的人是属于其中的一类——他们一再地否定和压制内心深处要求前进和奋发的呐喊，由于缺乏足够的燃料，他们身上的理想之火已熄灭了。

对于任何人来说，不管他现在的处境是多么恶劣，或者先天的条件是多么糟糕，只要他保持了高昂的斗志，热情之火仍然在熊熊燃烧，那么他就是大有希望的；但是，如果他颓废消极，心如死灰，那么，人生的锋芒和锐气也就消失殆尽了。

在我们的生活中，最大的挑战之一就是怎样才能保持对生活的激情，远离毫无目的的生活，确定奋斗目标，永远让炽热的火焰燃烧，并且保持这种高昂的境界。

有很多人往往以这种想法从心理上欺骗自己、麻醉自己——只要自己有乐观向上、期盼着实现自己的理想和抱负的想法，其实他们就已达到了目标。但是，这种光说不做，或者做起事来拖泥带水的人，实际上只是在内心里担心成功的幻想被拿到现实中去检验。他们的等待一方面是打算多享受一会儿“可能成功”的幻想，另一方面是想有可能天降大运，自然功成。然而，天上只下过风雪雨雹，从来没掉过馅饼和大运。

理想和抱负是需要由众多的不同种类的养料来进行滋养的，这样才能使之蓬勃常新。空虚的、不切实际的抱负没有任何意义。

第五章

不强迫自己：制定规则而不只是遵守规则

制定规则本身就是一种无所不在且必不可少的应对公共挑战的方式，因此有必要对规则制定过程和步骤等一系列的问题进行分析。真正成功的人，本质上是一个充满异议的叛徒，也极少满足于维持限定的规则，他们的成功源自于对常规的藐视和突破。只有不强迫自己，能够做到制定规则而不拘泥于规则，让自己做个简单的人！

做别人做不到的事，你才能胜出

别人所不能做到的事，我们都能做，克服任何人所不能克服的困难就是我们的专长。我们都很有潜力，精力资本雄厚，魄力本钱丰富，何不善用这些属于自己拥有的资源，成就一番他人做不到的事业。做别人做不到的事情，就会得到别人得不到的结果。

天空并不高，向上伸出就能碰到；梦想并不远，跨出步伐就能到达。高度的判断不在于视野，而在于心态；距离的断定不在于长度，而在于行动。

CA创始人王嘉廉说，“我喜欢做别人做不到的事。”

每一次见王嘉廉，都能从他的眼神里感觉阳光的存在。这是一种耀眼得不能回避的阳光。他本不属于阳光灿烂的年龄——62岁。但他心底里的快乐、温暖感染着周围的人。

性格冥冥中主宰着王嘉廉的命运。年少时的王嘉廉活跃调皮，对正规教育不感兴趣，向往独立创业。他说：“我从小不喜欢传统的学校教育，那简直是浪费时间。”

假如不是看到纽约时报的招聘广告，王嘉廉的一生也可能重写。“在皇后学院毕业后，有一天，我翻阅纽约时报的招聘专栏时，发现有整整两页半的篇幅全是招聘电脑程序员的分类广告。我当时就跟母亲说，我想成为一名电脑程序员。”母亲问，“什么是电脑程序员”？“我也不清楚，但是老天，市场上真是需要大量的程序员！”许多年后，王嘉廉回忆此事时，仍觉得有些不可思议。其实，所谓的一句话改变人的一生，其实是命运使然，也是性格所致。

从此，王嘉廉找到了长大的路，一条通往成功的路。1976年，32岁的王嘉廉开始了在美国的创业生涯。他创办的公司叫ComputerAssociates，简称CA，做软件。开创时仅有4人，“每天都面临着活不下去的危险。”王嘉廉统率下的CA，在经历了上市、不断收购的过程后，在全球40多个国家有160多个分公司，18000名员工，其成功令人侧目。

他的积极和行走如风，给记者留下了深刻印象。他的豪华作风，也让记者见所未见。王嘉廉出行，都是乘专机前往。来北京时，他永远住“总统套”，永远有神秘面孔的保安相随左右。从戴着名贵戒指，穿白衬衫与西装看，他绝对是个对生活有相当高要求的人。在他眼里，最珍贵的东西只是时间。“善用你的时间。”接受采访时，他不自觉地向记者灌输这种理念。记者的每次采访都被规定在十分精确的时间内。

“我就是喜欢做别人认为做不到的事。如果别人告诉我不可以做这个，不可以做那个，这最能引发我的兴趣与雄心。”“我真的不相信世界上有做不到的事，任何事我都有充分的把握做得更好、更快、更多。”这种坚定性格的形成，在王嘉廉那里，得到了十分有趣的解释：“我是华裔移民，在家中排行老二。中间的孩子，自然会培养出很强的妥协能力。老大呢，常常要背负许多父母期待与梦想的重担，最小的常常是会被惯坏的人。老二一般都轻松独立，常成为他们中间的协调人。”

弱者坐失良机，强者创造时机。这就是敢于挑战自我的人的成功秘诀。敢于挑战自我的人用挑战与袭来的种种苦难周旋，不仅经受得起失败，同时也承担得起成功。

成功的关键不在于人生是否一帆风顺，而在于你是不是一个敢冲撞命

运，敢于挑战自我，能做别人做不到的事情的人。

约翰·库堤斯，一个平凡而伟大且与众不同的人，他坚强，他独立，他超越了别人和自己，他更成就了自己。他所经历的逆境与成功，对每个人来说，都是巨大的个人感召力。他出生时脊椎下部没有发育，两条腿没有成型，根本无法行走，也无法安装假肢，但他没有向命运屈服，坚强的性格使约翰没有为自己的先天残肢而颓废，相反，他却截除废腿，挑战生命极限，双手走路，驾车，游泳，举重，打乒乓球……他尽自己所能去做自己想做的事，过着和健全人差不多的生活。

他通过自己的努力建立了一个美满和谐的三口之家，并依靠两只手在讲台上走动，成为一名出色的演讲家。难以相信的一位只有正常人一半截身躯的人，面对数以千计的听众声情并茂、抑扬顿挫地阐述自己对人生的向往，对家庭的爱、对社会的责任、对事业的执著。

直面约翰·库堤斯先生的精彩人生，我们又几何时在忙碌的生活、工作之中稍微停顿下来去审视自己，面对生活和工作中不尽人意的困难或挫折，我们的感觉怎样？我们的态度如何？我们的行为如何？我们的信念如何？

当我们在追求目标中要跨越出乎我们想像的困难时，是通过抱怨来让自己的心灵免受伤害，还是让冷静使自己心灵得到一些抚慰？从此以后是以消极、被动的心态面对一切，还是以积极、自信的心态面对周围？行为上是退缩、回避，还是进取、沉着？对未来的信念是怀疑、迷惘，还是信心倍增、勇往直前？面对如此多的“是，还是”，我们怎样选择？为何要这样选择？

我们选择了一种信念，我们就有了一种坚定的行为；我们选择了一种行为，我们就有了一种积极的态度；我们选择了一种态度，我们就有了一种舒畅的感觉，就让我们选择不要对自己说“绝对不可能”。

你永远是不可替代的

“寸有所长，尺有所短。”这个世界上是没有十全十美的人的，但一定要相信自己是不可替代的人。要为我们拥有的东西而感到快乐，在快乐中追寻找我们的理想。要用独特的自我来打造自己的信心，相信自己永远是不可替代的。

刘墉先生说：“每个人都应当看重自己。在他人肯定自己之前，你先得肯定自己。”的确如此，假如自己都对自己没有信心，又怎令他人对你有信心呢？又怎能成就一番事业呢？相信自己是不可替代的，才能勇于成就自己的事业。

现实生活中，很多人说：我相信我自己，我是不可替代的。当在喊这些口号时，你是否真的认为自己是不可替代的呢？我们会不会一出门或遇到一点困难，就忘掉所喊的那句话呢？

我们为什么不能这么想，来证明自己，为自己打气与加油呢？高度的自信会产生高度的表现，相反的，自卑的人凡事都做不好。人只有在相信自己是不可替代的，是第一时，才会有无与伦比的力量与精神上极度的巅峰状态，进而带来强烈的行动力与决断力、影响力与带动力，坚忍不拔，直到成功。

有人曾经做过这样一个实验：他往一个玻璃杯里放进一只跳蚤，发现跳蚤立即轻易地跳了出来。再重复几遍，结果还是一样。据测试，跳蚤跳的高度一般可达它身体的400倍左右。

接下来实验者再次把这只跳蚤放进杯子里，不过这次不同的是在杯上加一个玻璃盖，“嘣”的一声，跳蚤重重地撞在玻璃盖上。跳蚤很困惑，但是它不会停下来，因为跳蚤的生活方式就是“跳”。一次次被撞，跳蚤开始变得聪明起来了，它开始根据盖子的高度来调整自己跳的高度。过了一段时间，这只跳蚤再也没有撞击到这个盖子，而是在盖子下面自由地跳动。

一天后，实验者开始把这个盖子轻轻拿掉了，它还是在原来的这个高度继续地跳。三天后，他发现这只跳蚤还在那里跳。

一周后他发现，这只可怜的跳蚤还在这个玻璃杯里不停地跳着，其实它已经无法跳出这个玻璃杯了。

在生活中，是否有很多人也在过着这样的“跳蚤人生”？年轻时意气风发，屡屡去尝试成功，但是往往事与愿违，屡屡失败。几次失败后，他们便开始不是抱怨这个世界的不公，就是怀疑自己的能力，他们不是千方百计去追求成功，而是一再地降低成功的标准，即使原有的一切限制已取消。就像刚才的“玻璃盖”虽然被取掉，但他们早已被撞怕了，或者已习惯了，不再跳上新的高度了。人们往往因为害怕去追求成功，而甘愿忍受失败者的生活。

难道跳蚤真的不能跳出这个杯子吗？绝对不是。只是它的心里面已经默认了这个杯子的高度是自己无法逾越的。

让这只跳蚤再次跳出这个玻璃杯的方法很简单，只需拿一根小棒子突然重重地敲一下杯子；或者拿一盏酒精灯在杯底加热，当跳蚤热得受不了时，它就会“嘣”的一下，跳出来。

人有些时候也是这样。很多人不敢去追求成功，不是追求不到成功，而是因为他们的心里面也默认了一个“高度”，这个高度往往暗示自己的潜意识：成功是不可能的，这是没有办法做到的。

"心理高度"是人无法取得成就的根本原因之一。

要不要跳？能不能跳出这个高度？能有多大的成功可能？这一切问题的答案，并不需要等到事实结果的出现，而只要看看一开始每个人对这些问题是怎样思考的，就已经知道答案了。

相信自己是不可替代的，乃是获得成功不可或缺的前提。怀有信念的人是了不起的。他们遇事不退缩，也不恐惧，就是稍感不安，最后也能自我超越；他们健壮而充满活力，能解决任何问题，凡事全力以赴，最终成为伟大的胜利者；在做每一件事情之前他们都很大声地对自己说："我是不可替代的！"他们永远坚持自己正确的主见。

一位美国首席执行官杰克曾说过："所有管理都是围绕'自信'展开的。"是啊，相信自己是不可替代的，这才是迈向进步的阶梯，一定要有自信心！好事多磨，这句话没错。在结果没有出来之前不要胡思乱想，相信自己是不可替代的，永远都不要失去自信心。自信、执著、富有远见、勤于实践，会让你握有一张人生之旅的无限期坐票。强者不一定是胜利者，但胜利者迟早都属于有信心的人。对啊，即使你再高大、再强壮，但是你没有自信心，同样也不会取得胜利的。

一个人一旦失去了信念，就会对一切都失去了信心，必然在迷茫中失去行进的目标，就不会知道脚下的路会延伸到什么地方，还有多远。

坚信自己，这才是最重要的，不要在他人的眼中选择人生，不要在他人的思想引导下选择人生。借鉴他人的精妙之处，借鉴他人的成熟之路，借鉴他人经验之谈，都可以，但惟一的是自己要有自己的方向，明确自己在做什么，自己是否有信心做好，思维一直掌握在自己的范围中，选择最合适自己的。

生活因你的心态而改变，行动是追随着自己的感受的，快乐是源于内在的心情的……

千锤百炼锻造自我

“你是谁？”这个问题似乎有点莫名其妙。

我们当然有一个名字，也许有一份工作，有一个头衔，可能还有一个家，有几个小孩。你要问我是谁，这些就是我。

“你是谁？”这一个简单的问题，包含了人生所有最重要的东西。

活得精彩的人，大半都透透彻彻地了解，自己在做什么，为什么做这些事，又有什么地方能做得让他人自叹不如。

你的头衔、职业、收入，甚至姓名，其实并不重要，以往和你交换过名片的人，你记得几个？有人挂了董事长的头衔，有人是大学教授，有人号称月入数万。一转眼，你就把这些人全忘光了。

但是那些精彩的人，总是叫人想忘也忘不了。事隔很多年，你还会记得一位作家的名字，因为他写过一本影响你一生的书；你也会怀念一位美容院的师傅，因为只有她能做令你满意的发型。

深深刻在人们记忆中的，都是有魅力的人物。他们未必拥有吓人的头衔，也不一定开豪华轿车，戴名贵珠宝，甚至于他们所从事的行业，也不必设在气派的玻璃大厦里。

一个人只要能诚诚恳恳，去做他最爱的事，那么很多人就会因此而获得莫大的快乐。为人写一本好书，做一个漂亮的发型，都能使他人得到快乐，也使自己成为具有吸引力的人。

但是，仔细想想，你自己做到了吗？

你爱你的工作吗？你爱你的家庭吗？你爱你每天所做的事吗？或者你整天脑子里想的，都是要赚更多的钱，买更好的小轿车，戴名贵的钻石翡翠，升到更高的头衔，搬进更高级的大厦，却丝毫没有把心思用在手边所做的事情上。结果，你还是在创作，却没有写出好作品；你还是为客人烫头发，却没有做出最漂亮的发型，而那些你梦想的东西，也始终只是梦想。久而久之，你过着同样的日子，看不到任何进步，也没有任何人满意你的工作。人们轻易把你忘记，而你自己也眼睁睁看着时光飞逝，感叹一事无成。这一切错误，都仅仅因为你没有认清“你是谁”。

生命中能让人发光发亮的东西，都不在梦想中，而在现实里；不在明天的仙境中，而在今天你脚下所踩的土地上。

我们不必为生命的欠缺感到难过。或许你少一张大学文凭，或许你没有真的钻石耳环，你买不起轿车，你的相貌可能平凡无奇，你既说不出流利的外国语，也拿不出显赫的家世背景。然而，这一切都不能阻止你成为一个有魅力的人，让人快乐，让人记忆，让人想忘也忘不了。你仍然可以做一个好的作家，一个好的发型设计师，你不知道自己是不是第一流的，但是你能享受你的工作，同样地，他人也会分享你的作品，使得他们承认你的好。

自己活得有乐趣、活得精彩、让人羡慕不已的人，不一定有文凭、有钻石、有进口车、有美貌，但是他们一定是踏踏实实地踩在现实生活中，诚恳努力地做现在该做的事，而且能够很骄傲地展示他们努力的成果。

认清自己是谁，并不是一件很容易的事。

不论置身哪一个行业，任何一个特殊的人物，其实都必须经过千锤百炼，在几年、甚至几十年的努力之后，才可能发光发亮。然而，就像在矿山里寻找钻石，你必须探测钻石在哪里，接着才可以瞄准目标，奋力挖掘。认清自己的特长，也像寻找钻石一样，你要先分析清楚自己的个性、爱好与才能，然后再瞄准目标，片刻不停地去冲刺。而人生的光亮，也像钻石一样，必须透过长时间的挖掘，费尽心力的琢磨，经历苦苦的等待，最后那晶莹耀目的钻石，令人惊叹，也让人落泪，恍然悟到最后的美好是始于最初的苦心。

新活法带来新境界

人生需要遵守基本法则。首先，就是必须按照自然的法则去生活。自然的法则，即一般所说的存在于天和地之间的法则，这是任何人都无法逃避的法则。

比方说，人的大脑、血液、四肢及五脏六腑等等，这些虽然都是身体的一个组成部分，但是作为自己本人来讲，是不可能去进行自我选择的，这是客观存在的一个事实。而这一事实，可以说是无论任何理由也推翻不了的。

假如背离了自然的法则，其结果将会是个什么样子呢？毫无疑问，肯定会出现各种各样的问题。例如，身体生出种种病状；生活贫困；事业不顺；精神烦恼及苦闷……这样，自己最后必然会终日在痛苦中挣扎。这可以说是自然的法则对违背者的惩罚。

因此，无论怎样，自己都不能认为自己的人生就必然属于本身。纵然你的欲望再强，整天拼命地去捞钱，有了钱之后，就去购买高级轿车、高级住宅及奢侈豪华的室内陈设品，等等。但是，所有这些，当死神降临时，还必须原原本本地留下来，连一件小小的东西也都无法带走。

原因何在呢？就是由于所有这些全都是身外之物，即所谓使自己过得出人头地、真正像人的一种装饰品。不管你拥有多少这样的物品，你若不是充分有效地使用，那么，这些物品对你来说，始终只是装饰，并无多少价值。

总之，在这个世界上，可以说没有任何一件物品是真正完全属于自己的。一个人从出生到死去，和自己的意志没有任何关系，人生不论是开始还是终结，都不能取决于自己的意志。

或许有人会说，生不能凭自己的意志，但是死完全可以靠自己的意志来实现，即可以自杀。这话听起来似乎也不无道理，但那事实上是一种愚蠢的行为。当然，假如自己有自杀的勇气，真正是下决心，为了他人的欢乐而甘愿舍弃自己的人生，那是值得赞赏的。除此之外，任何自杀行为，上天是绝对不会容许的。因为这种行为本身既不合乎伦理，也完全违背道德，可以说是人类最严重的背叛行为。

人出生在这个世界上，虽然说不是凭自己个人的意志，但也绝不是什么偶然的事情。也就是说，你已生存在这个世界上，这是一种客观现实。这可以说是人生的第二条应当遵守的法则。

人生几十年，多则百年，这漫长的人生历程应该怎样度过呢？周恩来有句话说得好，他说："要活到老，学到老。"说实在的，人生的历程就是一个不断学习的过程。当然，所谓的学习，主要是对如何做人的学习，即对如何与他人共生存的学习。

人与动物的最大区别就在于人有大脑思维。因此，作为人本身来讲，从一开始就是各种杂念的生成体。假如要完全排除各种杂念，那是十分困难的事情，或者是不太可能的事情。

因此，还是要正视现实，接受杂念，才能使自己活得真实。但是，应该注意的是，绝对不能受杂念的摆布和左右。

诚然，在我们这个世界上，一直不同程度地存在着一小部分坏人。尽管如此，我们还是应该承认，他们也并不是一生下来就坏。真正从心眼里就坏的人恐怕也是极少数。即使是坏人，他们以前也曾经在一定程度上拼命努力过。然而，由于他们不懂真正做人的道理，他们流汗、流血，所进行的各种努力全都是为了他们自己，最后结果是可想而知的，肯定不会受大众的称道，相反的，必然会受到法律的惩罚和人们的唾弃。

按照自然法则行事，在日常生活中，采取一种完全顺乎自然的生活方式，就能达到最高生活境界，从而产生出无穷的生命力。

人生有开始，也有终结。而在某种意义上讲，关键是在生与死这一期间。因为这是上苍赋予我们的惟一自由的时间，怎样分配这段时间，这可以说是上苍的考验。

假如这段人生是为了他人而生活，就无需什么远虑，也不会有什么近忧；反之，假如单纯是为了自己而生存，生活的路子就会越来越狭窄，最终走上孤独和悲惨，永远和欢乐无缘。

太实在可能会吃亏

做人要实在，不要惹是生非。实在没错，人人都喜欢和实在的人相处交往，因为和实在的人相处比较安全，实在的人宁愿自己吃亏也不愿意他人吃亏，实在的人从不算计他人。

但是，任何事情都有一个度，一旦过了火，事情就走向了反面。实在可以，但太实在就要不得了。太实在是一种木讷，一种保守，一种顽固，太实在的人不懂得人情世故，不知道规划自己的人生，太实在的人只知道按部就班地生活，没有创新没有突破，从来不去想要主动干什么，只知道按照他人的吩咐去做事，甚至不知道自己能干什么不能干什么。这样的人，一生能有多大的成就？太实在的人一生都处于被动中，也注定一生都会平庸，不是没有机遇青睐他，而是机遇来到他的面前他也看不见，更不用说主动去创造机遇了。

太实在的人，机遇站在他的面前他都不知道，非得有人亲自告诉他："这是机遇，快抓住！"太实在的人没有主见，总是根据其他人——父母、亲人、朋友的意见，选择他们的职业和生活方向。特别是当他人一再重复自己的意见时，实在人就更难以拒绝。因此，很多太实在的人选择了一条不属于自己的路，可想而知，在这条路上他能够走多远呢？

太实在的人不欺负他人也就算了，却还要受到他人的欺负。这可以算是太实在的人最大的悲哀与无奈了。我们可以看到在职场上，太实在的人总是被其他人使唤过来又使唤过去，有什么累活苦活或者吃力不讨好的差事总是叫太实在的人去做，其他的人则坐享其成；假如事情做砸了，就把责任全推到太实在的人身上。而太实在人一般胆小怕事，安分守己，对人对事谨小慎微，从不会随便得罪他人，即使他人得罪了自己，也不会记恨在心，更不会以牙还牙。这样一来，太实在的人就经常被那些不老实的人欺负，而且即使自己吃了亏也认了，也不会向人诉说。

反过来，太实在的人对于他人的一点小小的恩惠，却牢记心中，并时刻想着找机会给予报答，即使那些施与恩惠的人早已经忘记了这点事。如此看来，太实在的人是职场里的“冤大头”。

老张是公司里的老员工了，都快要退休了却还是公司里最底层的职工。公司不重用他是因为他太实在，公司不辞退他也是因为他太实在，不忍心。

公司有自己的厨房，中午的工作餐公司自己做。厨房在一楼，二楼的员工中午吃饭时都应该亲自跑下楼来拿属于自己的那一份。老张出于好心，总是在吃饭前十分钟把二楼所有员工的饭提上来。第一次，同事们都十分感激。次数多了，同事们就习惯了，下意识里以为这是老张应该做的。因此，不但不感谢，有时还吆喝：“老张，该吃饭了。下去拿饭！”

这样还不算，同事们得寸进尺，吃完饭后都把自己的碗放在老张的工作台上，要老张带下去。老张也没多想，反正自己也要下去，多带几个碗没什么大不了的。

有一天，同事们吃完饭照旧习惯性地把碗交给老张。按照以往，老张吃完饭喜欢打一下盹，然后再把碗送下去。可今天不知道怎么搞的，没小心睡过了头。恰恰在老张睡觉时，老总和另外一家合作企业的老板来视察工作，看到老张桌子上堆满了碗筷，合作企业老板皱了皱眉头，心想，这个公司员工素质这么差，想必公司也好不到哪里去。于是拒绝了和公司合作。公司老总就把气全撒在老张身上，老张有口难辩，最后，公司把老张辞了。让老张感到心寒的是，竟然没有一个同事替老张说好话。

这就是太实在的下场。实在人在群体中基本上处于不受重视的地位，没有什么实际影响力，也很难出类拔萃成为领导者。实在人的这种生存状况与其本身所具有的一些基本特性是分不开的。

首先，实在人不善于表现自己，尽管是自己应该得到的也不去争取，会觉得不好意思，自己的优点与能力常常不为人所知，给人的印象很平常，甚至经常被人遗忘还有这样一个人存在，很难引起他人的重视。

其次，实在人不知道为自己的将来计划和打算，他们的观念是凑合着过日子，没有什么大的理想，也不知道自己能够做什么，一生糊里糊涂，或许偶尔也有自己的想法，却没机会表达，一旦有机会表达又没有信心，所以即使把想法说出来也不会得到他人的重视。可以说，太实在的人是没有话语权的。

再次，太实在的人不懂得交际，不会运用社会资源，总是单打独斗，在处理各种关系上原则有余、圆通不足，很难树立起自己的威信。太实在的人个性也往往比较孤僻，不主动和他人交往，不主动和他人接触，本来就是一个很普通的人还不主动，还期望他人主动结交吗？这是不可能的事，因此，太实在的人往往没有多少朋友，也不是一个受欢迎的人。

最后，实在人不加入任何的利益团体，只知道过自己的生活，也没有给他人带来好处的能力，而给他人带不来任何好处的人在整个利益关系的链条中就会处于不被人重视的地位。

所以，做人不能太实在，要有一点心机。俗话说得好，“害人之心不可有，防人之心不可无”。为人处世留一点心机，是保护自己免受伤害的需要。心机是谋略的一部分，善于谋划的人都是有心机的人，不要以为有心机就是要算计他人，更多时，有心机是为了自己的生存。

心机是智慧的流露，也是自保的象征，没有心机的人会受到来自外界的不同种类的伤害。人情冷暖，世态炎凉，社会中的事情错综复杂，面对这样的世界不留有心机，怎能正当地维护自己的利益呢？

坚持自己的原则，为人格保驾护航

罗曼罗兰曾经说过这样一句话："最可怕的敌人，就是没有坚强的信念。"在日常生活当中，这种信念通常表现为一个人做人的原则。不能坚持自己原则的人就像墙上的无根草，随风摇摆不定，甚至找不到自己前进的方向，这样的人必定不能大成。

人生需要一些原则，更需要持之以恒地坚持这些原则，只有这样人们才能信任你，才能为我们塑造完美的人格。

日本著名的企业家吉田忠雄在回顾自己的创业成功经验时说过："为人处事首先要讲求原则，这样才会赢得别人的信任，离开这一点，一切都将是泡影。"

在吉田忠雄创业初期，他曾经做过一家小电器商行的推销员，他最初的目标是走低价的路线，在同类产品中，争取做到最低价。可是刚开始时，他做得并不顺利，因为没有人能相信他，很长时间业务并没有什么起色，但他并没有灰心，而是坚持做下去。

有一次，他推销一种剃须刀，半个月内同二十几位顾客做成了生意，但是后来突然发现，他所推销的剃须刀比别家店里的同类型产品价格高，这使他深感不安。经过深思熟虑，他决定向这二十家客户说明情况，并主动要求向各家客户退还价款上的差额。他的这种以诚待人的做法深深感动了客户，他们不但没收价款差额，反而主动要求向吉田忠雄订货，并在原有的基础上增添了许多新品种。这使吉田忠雄的业务数额急剧上升，很快得到了公司的奖励，这给他以后自己创办公司打下了良好的基础。

虽然每个人的生活环境不同，文化层次不同，因而所追求的目标和理想也不尽相同，但是，在内心深处，每个人都会有自己不同的做人原则。比如说对待学习、生活、工作等。没有原则，也就没有了衡量对与错的尺度，就很容易走入歧途。那么对于我们来说，该如何坚持自己的原则呢？

考虑到原则与发展的关系。有的人给自己规定的条条框框太多，或者养成了固有的行为习惯，这样就束缚自己的思维，因而失去开拓创新的精神。因此，人们在遵守某些原则的同时，还要随时做出适当的调整，使自己的这些原则时刻能够适合时代的要求，不要让原则束缚和阻碍自己的思想。

在把握做人的原则上，要有个度。要合情合理，还要切实可行。人要有精神和追求，但是，无论是做人的原则，还是目标和理想，最终目的是快乐，这样才能达到人生幸福的最高境界。否则太重的压力只能让自己背上思想的包袱，成为前进的阻力。

坚持自己的原则，需要忍让谦和。所谓“忍”就是“事临头，三思为妙；怒上心，一忍最高。”所谓“让”就是“退一步海阔天空，让三分心平气和”！所谓“谦”就是“人有成绩莫自夸，骄胜自大无益多。”所谓“和”就是“世上谁能无有过，莫为小事动干戈。”

坚持自己的原则，应该懂得舍得之道。要懂得放弃，有舍才有得，不让自己钻牛角尖，要明白放掉的已经过去，而把握的永远是现在和未来；同时，也要懂得拿得起放得下，不缩手缩脚，不患得患失。

总之，人是具有社会属性的，时时事事都要受到社会公认的法律和道德等准则的约束，不可能游离于社会之外。

无可无不可

孔子曾说：“君子之于天下也，无适也，无莫也，义之与比。”换言之，君子对于天下的万事万物，并没有规定怎么样处理好，也没有规定怎么样处理不好，必须根据实际情况，只要合理恰当，就可以了。因此，对于身边的事情怎样看待，采取什么样的态度，孔子的方法值得我们借鉴。

孔子在评价古代几位名人时认为，伯夷、叔齐是一代贤人，坚持真理，有所不足，但他们“言中伦，行中虑”，说话合乎法度常理，行为经过深思熟虑；虞仲、夷逸的特点则是“隐居方言，身中清”，能逃避现实，隐居下来，放肆直言，洁身自好。而他自己则不属于这些人，是“无可无不可”。也就是说，对上述这些人的行为，有的他是肯定的，他自己也是这样做的，有的他则是不赞同的，他本人就拒绝这样做。这种“无可无不可”的处世哲学，要求我们在现实生活中，既要坚持原则，又必须机动灵活。

不坚持原则，一团和气，就会使我们丧失目标，犯大错误。比如经商，根本原则是为了卖货赚钱，利国利民，这个必须坚持，伪劣商品虽然赚钱，但违法害民。不能赔本贱卖，虽然能获得消费者欢迎，但不能赚钱，违背经商之道，也不可为。

不机动灵活，生搬硬套，就会使我们失去机会，坐以待毙。再以经商为例，在坚持利人赚钱的前提下，采取什么样的方法、价格，决不能一成不变，热情服务，随行就市，才能成功。经商如此，为人处世也不例外。

生活中，凡事不可认死理，大事聪明，小事糊涂，难以下结论、难以辨是非的东西，采取一种不置可否的态度，既是一种智慧，也是一种品德。否则，聪明过度，妄下结论，往往会使自己处于尴尬的境地，甚至引火烧身。因此，对“无可无不可”的问题，应做以下理解：

能上能下，随遇而安。也就是说，自己既可以升官发财，享受荣华富贵，也能安心守贫，面对艰难困苦。不论是一帆风顺，还是荆棘坎坷，都能以平静的心情，坦然处之。

能贵能贱，入乡随俗。提高自己的修养，增加自己的知识，面对富贵者不卑不亢，面对贫贱者不骄不狂，量体裁衣，不墨守成规。尤其是待人接物，要能做到入乡随俗，与人打成一片。因为各个地方生活习惯往往没有什么优劣高低之分。

尊重他人。这样才能赢得他人尊重，因而也就尊重了自己。

能进能退，左右逢源。为人处世，要静如处子，动如脱兔，出乎意料之外，又在意料之中，进不越规矩，退不丧失志向；令人惊叹而不惊奇，让人尊敬而不畏惧，羡慕而不嫉妒，进退自如。

能争能容，皆大欢喜。对于该得到的东西，要理直气壮，努力争取，决不客气。优柔寡断，是无能、懦弱的表现，必须克服。同样，要有宽容之心、大度之情，要能容得下别人，理解和体谅到他人难处，力争使大家都满意。

人生的诀窍是经营自己的长处

哈佛大学的D·伯恩斯教授作了一个统计，发现几乎所有成功者都有的一个共同特征是：不论聪明才智高低与否，又不论是从事哪一个行业、担任什么职务，他们都在做自己最擅长的事。

事实表明，一个人的成功来自他对自己擅长的工作的专注和投入，无怨无悔地付出努力和代价，才能享受甘美的果实。美国哈佛大学教育家嘎纳(H·Gardaer)教授的多种智力理论认为，人的智力有八种，各种智力在每个人身上都存在着发展不平衡的现象。每个人的智力都有所长，如有些人的语言智力水平很高，但他的逻辑、数学智力可能平平。一个人要想获得事业上的成功，就必须在智力方面扬长避短，用自己智力上的强项来争取优势。

精英总是善于把自己的长处转化为成效。他们明白，人应当尽可能地扬长避短。为了取得成效，我们必须利用一切可利用的长处——同事的长处、上司的长处和自己的长处。这些长处构成了实实在在的机会。组织的惟一用途就是把组织成员的长处转化为成效。

在发挥特长方面，没有比美国钢铁工业之父安德鲁·卡内基为自己挑选的墓志铭更加值得引以为豪的了。他的墓志铭是这样写的：“这里安息着一个懂得如何使他身边工作的人比他本人取得更大成效的人。”

在他身边工作的每一个人之所以能取得更大的成效，因为卡内基善于发现并充分发挥他们的长处。这些钢铁公司的经理人人都是某个特定领域和特定职位上的能人。不管怎样，卡内基就是他们中间最有成效的一员。

人生的诀窍就是经营自己的长处，这是因为经营自己的长处能给自己的人生增值，经营自己的短处会使自己的人生贬值。正如富兰克林所说："宝贝放错了地方便是废物。"把自己想做什么、能做什么，社会需要做什么，综合加以分析，找出最佳结合点，正确作出职业选择，你就迈出了人生事业发展的第一步。

爱默生也曾说过："什么是野草？就是一种还没有发现其价值的植物。"我们每个人都有自己天生的优势，也有自己天生的劣势。无论怎样的人生规划都是为了寻求成功，使自己的人生更有价值。我们也都知道做自己喜欢的拿手的事，总是会更容易些。人生要取得更大的成就，就应该在自己更容易做好的领域科学地规划。因此，成功的人生规划就在于最大限度地发挥自己的优势。

我们要规划自己的人生，就应该先寻找能够最大限度地发挥自己才能的突破口，不只是人生规划很重要。只有善于经营自己的长处，才能使自己的人生价值倍增。相反，总是怨天尤人、自卑自弃，或是经营自己的短处，只能使自己的人生价值贬值。那么，怎样寻找自己的长处呢？其实很简单，在生活中或许你看到他人做某事时，你有种痒痒的召唤感，也希望做这件事，当你完成这件事时，感觉如行云流水，轻松愉快地做完了。甚至有些事是无师自通，并且能做得有声有色。那么，我敢肯定这就是你的天分，你的优势。

假如我们能够准确地发现并发挥自身的优势，经营自己的长处，用积极向上的心态对待人生规划，那我们一定会把理想的风帆扬向成功的彼岸，我们的人生规划一定会是一部灿烂的画卷。

美国希尔顿国际饭店集团的创立者。闻名遐迩的企业家唐托德·希尔顿，喜欢给他人讲述这么一个故事：一个穷困潦倒的希腊年轻人到雅典一家银行去应聘一个门卫的工作，由于他除了自己的名字外什么都不会写，自然没有得到那份工作。失望之余，他借钱去了美国。很多年后，一位希腊大企业家在华尔街的豪华办公室举行记者招待会，会上，一位记者提出要他写一本回忆录，这位企业家回答说："这不可能，因为我根本不会写字。"所有在场的记者都甚为吃惊，这位企业家接着说："万事有得必有失。如果我会写字，那么我今天仍然只是一个门卫而已。"

人生的诀窍在于经营自己的长处，找到发挥自己优势的最佳位置。美国微软公司总裁比尔·盖茨，其最高文凭是中学，在哈佛大学他没有读完就经营他的电脑公司去了。他之后的成功令人刮目相看，赞叹不已。再比如法国近百年来最年轻的首相梅杰，47岁登上首相宝座，为世人所瞩目。然而他年轻时并无超人的聪明之处，16岁时因成绩不好而退学，后又因心算差未被录取为公共汽车售票员。对此有好多人想不通：一个连售票员都不能胜任的人怎么当得了首相？针对这种怀疑，梅杰在一次谈话中回答说："首相不是售票员，用不着心算。"从这里我们可以看出，一个人事业成功与否，并不完全取决于学历的高低，在很大程度上取决于自己能不能扬长避短，善于经营自己的长处。

"条条道路通罗马"，"此门不开开别门"。世界上的工作千万种，对人的素质要求各不同，干不了这个可以干那个，总可以找到自己的发展天地。在有的人看来，沃森是个末等生，那个希腊青年是个文盲，盖茨没有大学文凭，梅杰连售票员都不能胜任，还能干什么事，成什么才？天无绝人之路，"大路朝天，各走一边"。什么文化不高、经验缺乏、没有职称，甚至身有残疾，都不是成才的障碍。

要有一技之长：你总有优秀的地方

每个人身上都有最优秀而独特的地方，这份优秀只属于你自己。而一个人成功与否，取决于他是否能发现自己的优势，并全力将它发挥出来。只有了解自己的优势，最大限度地发挥自己的专长，才能让你登上人生的绚丽舞台。

我们要通过正确地评价自己，来发现自己的长处，肯定自己的能力。自我评价的方向和内容对人自身有很大的关系，只看自己的缺点就好像千百遍地听人说“你这不行，你那不行，不准干这，不准干那……”但从来不知道自己哪儿行、不知道要干什么，这种情景是令人非常绝望的。然而如果自我评价的方向是正向的、自我肯定的，能够准确发现自己的长处和优势，自己不仅会由此产生积极的情感体验，同时将更有可能发展出好的行为，产生良好的结果。

有一个小男孩很喜欢柔道，一位著名的柔道大师答应收他为徒。然而，还没有来得及开始学习，小男孩就在一次车祸中失去了左臂。那位柔道大师找到小男孩，说：“只要你想学，我依然会收你做徒弟的。”于是，小男孩在伤好后，就开始学习柔道。

小男孩知道自己的条件不如他人，因此学得格外认真。三个月过去了，师傅只教了他一招，小男孩感到很纳闷，但他相信师傅这样做一定有自己的道理。又过了三个月，师傅反反复复教的还是这一招，小男孩终于忍不住了，他问师傅：“我是不是该学学别的招术？”师傅回答说：“你只要把这一招真正学好就够了。”

又过了三个月，师傅带小男孩去参加全国柔道大赛。当裁判宣布小男孩是本次大赛的冠军时，他自己都觉得不可思议。只有一条手臂的他，第一次参赛就以惟一的一招打败了所有的对手。

回家的路上，小男孩疑惑地问师傅：“我怎么会以一招得了冠军呢？”师傅答道：“有两个原因：第一，你学会的这一招是柔道中最难的一招；第二，对付这一招的惟一办法是抓你的左臂。”

世界上没有绝对的废物，只要找到勇敢出击的突破口，谁都是可用之材。而对每个人来说，自身的缺陷在某种情形下正是自身的优势所在，而这种优势是独一无二的，他人是无法模仿的。

韩寒上高中时，是个名副其实的坏孩子。他叛逆，考试七科，只有语文及格。于是，他了解到，学习并不是他的长处，他开始从文学方面发展自己，先后发表了《零下一度》和《三重门》。一夜之间，全国人民都知道了这位少年，无数学子将之当作自己的偶像，于是韩寒变成了大家眼中的好孩子，没有人因为他考试不及格而对他品头论足了。假使韩寒没有发现自己的才能，也许他此时已成为一个过街老鼠，早被淹没在众人的口水里，成为老师口中的反面教材了，与今天的成绩有着天壤之别。

发现自己的优点，即使你只是半截牙签，你也会发出光与热。因为上帝给你关上大门的同时，一定会给你打开一扇窗。只要打开那扇窗，阳光就会洒满心房，照亮七彩的人生。

当然，并非发现自己就会成功，还需要各方面的努力。每个人都有体现价值的一面，就如儿歌中写的那样：“鲜花遍地开，朵朵惹人爱。”要时时告诉自己，世界因为有你的存在而美丽。

一个人拥有明确的目标固然重要，但如果不了解自身的优势，那么这个目标几乎难以实现。原本个性天马行空，那么就不要作个品质管理员，作个策划专员好了；本来十分善于演讲，那么就不要当作家，去向演说家方向努力。成功的人不一定是全才，有一技之长就好了。人不能总盯着自己的缺点，最主要的是发挥长处。

发现了自己的优势能力，还要善于运用，否则你的优势就是会白白浪费，毫无价值。就像一颗钻石，假如沉在海底，就无异于破铜烂铁，只有把它捞出来，真正使用，才能体现它的价值。每个人最大的成长空间在于其最强的优势领域，多花点时间把自己的优势发挥到极致，而不是花很多时间去弥补劣势。很多人在生活中，总是放大自己的劣势，看不到自己的优势。

其实，从统计学的角度说，十全十美或一无是处的人都很少，大部分人都是只有一方面比较突出。你所需要做的就是尽量突出自己的优势，而不是将注意力放在自己的缺点上。要知道，弥补劣势，虽然有时确有必要，但它只能使我们避免失败，而不能使我们出类拔萃。因为很多能力是与生俱来的，依靠教育、学习与培训也是事倍功半，未必有好的效果。

天生我材必有用。命运对待每个人都是公平的，每个人都有自己独特的优势。世界并不缺少美，缺少的只是发现。但我们在认识自己的时候往往陷入误区，我们更关注自己的劣势在哪里，却忽视了优势；我们更多考虑自己如何去适应工作，却很少考虑自己适合怎样的工作；我们更多的是沉溺于对自我的责备中，却很少积极地认同自己；我们更多的是乐于取长补短，却很少灵活地扬长避短。

因此，我们的悲哀不在于缺乏才能，而在于没有发现才能。培养积极的心态，实现自己的价值。我们只需根据自己的特点，发挥自己的优势，依据能力确定目标，通过正确的途径和方法，必会成就自我。

第六章

不看低自己：有自己的主见，有自己的是非标准

遇事有主见，那是要建立在对客观事物正确的认识和判断的基础之上的。有政治高度的人的主见才会是真知灼见，坚持正确的主见才会成功。做人有主见难，能够坚持主见则更加难。随时都不要看低自己，就让我们努力把自己培养成一个有主见并且敢于坚持主见的人。

做一个能独立思考、做出判断的人

人们顺应环境，往往最后却成了环境的奴隶。

涉世未深的人，往往害怕自己与众不同……无论是穿着、行动、言谈或思考模式，都尽量与自己所属的圈子相同。小孩喜欢与同年龄的人做相同的事，他们很在乎朋友或玩伴对自己的看法。他们需要被自己的同伴接受——这是他存在的最重要证据。当我们身处不熟悉的环境，又没有过往的经验可以参考时，最好的方法便是顺应一般人的标准——直到我们自己的经验和信心足以给我们力量，然后才能照着自己的信念和标准去做。

但是，就算是基本原则也有受到考验的时候。特别是一些不随波逐流的人会提出改革——这便是文明进步的动力。

要想不随波逐流也并不容易，至少不是件愉快的事。有时，甚至还有危险性。大部分的人宁愿顺应环境，躲在人群当中接受保护，对各种统治者的领导毫不质疑或提出反对——我们不敢做与众不同的事。但是，我们并没有体会到，这种安全其实是虚伪的。大众心理其实最脆弱，最容易被牵着鼻子走。像追求安全感一样，人们顺应环境，往往最后变成了环境的奴隶。

事实上，生活中很多人到了十六七岁时，也还不曾自己独立自主思考过。自那以后，虽然也变得稍微懂得一点思考，但是所想的却都是一些鸡毛蒜皮的事。只是在一个劲儿囫囵吞枣地吞咽着所读的书的内容，对于朋友们所说的话，也不斟酌是否正确，就一味地接受。与其费劲周折地去追究有真实意义的东西，倒不如顺应大流来得省事，这就是许多人懒得思考的原因。由于那样，当发现自己拥有判断力时，已被偏见误导了。虽然自己并未察觉，但是却养成了错误的想法，它已取代了对于真理的追求。

“要是我早点开始用自己的判断就好了！”这是很多人到了一定年龄后的感叹。为了避免将来后悔，最好及早开始。当然，人的判断力不可能永远正确，偶尔也有失误。能够弥补这种失误的，就是看书和与人交往。可是，也不能过于相信这两者而囫囵吞枣。因为，这两者终究只是上天赋予人的判断力之补助。而良好的判断力来自独立、深入的思考能力。

当一个人一旦立志自我思考，并开始尝试时，对事物的看法就会有惊人的改变。与过去用别人教的想法去看事情，以及把抽象的幻觉误当作真实的事比起来，此时我们对任何事物的看法都显得井然有序。

对于头脑里冒出来的想法，首先要重新评估一下，它是否真的是自己的意见。虽然需要花费较长的时间，但养成用自己的头脑仔细思考事情的习惯是值得的。首先，你要把现在的想法加以检讨，想想看，是自己真的那么想，还是照别人告诉你的去想的？会不会是偏见或错误的信念？就从这些问题开始思考吧。假如没有偏见，希望你能用自己的头脑，听听各种人的意见，想想看是对或错，或者有哪个地方不对，然后再综合各种意见，归纳出自己的看法。

也有人认为：那些不随波逐流的人，通常是一些性格古怪、喜欢哗众取宠或喜欢标榜“与众不同”的人。在这方面，爱默生所采取的坚定立场一向赢得人们的敬重。他在世的时候，有很多从事反对奴隶制或其他种种改革运动的人希望得到他的支持，但都遭到拒绝。爱默生当然同情这些运动，也都希望他们做得好。但他却不认为应该把自己的精神与能力放在这些运动上面，因为那并不是他的专长。他非常坚持这个原则，虽然因此遭人误解，也在所不惜。

坚持一项并不获人支持的原则，或不随便迁就一项普遍为人支持的原则，都不是件容易的事。当一个不随波逐流的人，并愿意在受到攻击时坚持信念到底，确实需要极大的勇气。

如今，我们生活在一个充满专家的时代。由于我们已十分习惯于依赖这些专家权威性的看法，因此便逐渐丧失对自己的信心，以致不能对许多事情提出意见或坚持信念。这些专家之所以会这么轻易取代我们的地位，是因为我们让他们这么做。

我们现今的教育趋势，是针对一种既定的性格模式来设计，因此这种教育方式很难训练出什么领导人才。由于大部分的人都是跟从者，不是领导者，所以我们虽然很需要领袖人才的训练，但同时也很需要训练一般人如何有意识、有智慧地去遵从领导。如此，才不会像被送上屠宰场的牛群一样，盲目地跟着走。

大部分人都没有想到自己其实才是世界上最伟大的专家——在他们自己本身、家庭或事业的世界里，他们做某些事，只不过是因为某些“专家”这么说，或因为那是一种流行，跟着做也可以凑个热闹。

爱德加·莫尔常常用所谓的“群体状况”来警告我们——他认为这种东西“扼杀人类个体的珍贵价值”。莫尔曾说：“人类无法达到天使的境界，但这也并不是他们必须变成蚂蚁的理由。”

可以没头脑，不能没主见

爱默生曾经说过：“想要成为一个真正的‘人’，首先必须是个不盲从的人。你心灵的完整性是不容侵犯的……当我放弃自己的立场，而想用别人的观点去看一件事的时候，错误便造成了……”

这是最不盲从的拉尔夫·瓦多·爱默生的名言。这对喜欢强调“由别人的观点来看事情”以增进人际关系的人来说，无疑是一大震撼。

或许，我们可以把爱默生的话做出如下诠释：“要尽可能用他人的观点来看事情——但不可因此而失去自己的观点。”假如成熟能带给你什么好处的话，那便是发现自己的信念及实现这些信念的勇气——无论遇到什么样的因素。

多听取他人的意见是对的，但你仍要有自己的主见才行。人家的意见只能供你参考，但不是你的靠山。假如你过于信任别人的话，人家说东，你就向东，人家说西，你就向西，结果你将遇到比不听取他人的意见更大的危险！

的确，一个人，只要认为自己的立场和观点正确，就要勇于坚持下去，而不必在乎别人如何去评价。

美国的威尔逊在最初创业时，只有一台价值50美元分期付款赊来的爆米花机。第二次世界大战结束后，他做生意赚了点钱，于是就决定从事地皮生意。当时，在美国从事地皮生意的人并不多，因为战后人们一般都比较穷，买地皮建房子、建商店、盖厂房的人很少，地皮的价格也很低。当亲朋好友听说威尔逊要做地皮生意时，都强烈地反对。而威尔逊却坚持己见，他认为反对他的人目光短浅，虽然连年的战争使美国的经济很不景气，可美国是战胜国，经济会很快进入大发展时期。到那时买地皮的人一定会增多，地皮的价格会暴涨。于是，威尔逊用手头的全部资金再加一部分贷款在市郊买下很大的一片荒地。这片土地由于地势低洼，不适宜耕种，所以很少有人问津。但是威尔逊亲自观察了以后，还是决定买下了这片荒地。他的预测是，美国经济会很快繁荣，城市人口会日益增多，市区将会不断扩大，必然向郊区延伸。在不远的将来，这片土地一定会变成黄金地段。

后来的发展验证了他的预见。不到三年时间，美国城市人口剧增，市区迅速发展，大马路一直修到威尔逊买的土地的边上。这时，人们才发现，这片土地周围风景宜人，是人们夏日避暑的好地方。于是，这片土地价格倍增，许多商人竞相出高价购买，但威尔逊不为眼前的利益所惑，他还有更长远的打算。

后来，威尔逊在这片土地上盖起了一座汽车旅馆，命名为“假日旅馆”。由于它的地理位置好，舒适方便，开业后顾客盈门，生意非常兴隆。从此以后，威尔逊的生意越做越大，他的假日旅馆逐步遍及世界各地。

每个人都应该靠自己的决断来求取生存。那些驾着马车向西部开发的拓荒者，遇到事情时并没有机会找专家来帮忙解决问题。不管是遇到紧急情况或任何危机，他们也只能依靠自己。印第安人来攻击的时候，没有警察，他们只能依靠自己的双手；生病时，没有医生，他们便依靠常识或家庭秘方；想要食物，更是靠自己去耕种或猎捕。这些人，每当遇到生活上的各种问题，都得立即下判断、作决定。事实上，他们也一直做得很好。

普林斯顿大学校长哈洛·达斯，对顺应群体与否的问题十分关切。他在1955年的毕业生典礼上，以《成为独立个性的重要性》为题发表演讲，他指出：无论人们受到多大的压力，使他不得已改变了自己去顺应环境，但只要他是个具有独立个性气质的人，就会发现，无论他如何尽力想用理性的方法向环境投降，他仍会失去自己所拥有的最珍贵的资产——尊严。维护自己的独立性，是人类具有的神圣要求，是不愿当别人的橡皮图章的表现。随波逐流，虽然可得到某种情绪上的一时满足，但人们的心灵定会时时受到它的干扰。

没有独立的思维方法、生活能力和自己的主见，那么，生活、事业就无从谈起。众人观点各异，越听也就越无所适从。只有把别人的话当参考，按着自己的主张走，一切才处之泰然。

投资自己的大脑永远不会“亏本”

每个人都要明白一个道理：成功者一般都“懂得投资自己”，就是把自己收入的一部分，花在资讯搜集或能力开发上面。

我们只要有经济条件，首先应投资于教育。其实，当你还是一个平凡的人时，你所拥有的惟一真正的资产就是你的头脑，这是我们所能控制的最强有力的工具。当我们逐渐长大的时候，每个人都要选择向自己的大脑里注入些什么样的知识，你可整天看电视，也可以阅读高尔夫球杂志、上陶艺辅导班或者上财务计划培训班，你可以进行选择。

有一位富有的女士，她的公寓失窃了，小偷拿走了她的电视机、录像机，却留下了她阅读的所有书籍。我们大概也会作出类似的选择，90%的人会购买电视机，只有大约10%的人才会购买书籍或其他增长知识的东西。

日本现在的白领层中，在工作之余学习各种才艺，上空中大学(广播电视大学)或专科学校取得资格的人，竟多达26万人。他们这样进行自我投资，目的是为了提升自己的职位。因为他们知道，一旦你放松了求知的脚步，马上会被人赶超过去。

如果你具有某方面的执照，周围的人们会视你为专家。需要这方面的知识时，第一个就会想到你，因为你在这方面的表现优异，对你的升迁十分有帮助。因此，大家才会积极地为提高自己的能力而努力。

在当今知识经济的社会里，知识越发凸显出它超常的价值，在知识和信息方面落后于人，很快就会被社会淘汰。

社会的发展越来越快，可谓日新月异，知识的更新也越来越快，我们若想成为社会的弄潮儿，就一定要紧跟时代的步伐，随时把握时代发展的脉搏，及时调整自己，了解自己需要哪些知识来武装自己，并以最快的速度为自己充电。这是当今时代人们在社会立住脚跟，并取得成功的必不可少的素质。

自我投资十分重要，因此，在必要的投资上不能舍不得花钱，因为你要想到它给你带来的效益可能远远超过你为它所投入的。现在的人们学电脑、学英语、学开车成为时尚，即使一时用不上，但他们明白“知识用时方恨少”的道理，往往在你需要时，比如在应聘一个重要职位的时候，才发现现学是来不及的。所以平时就要了解社会发展的动态和趋势，了解什么是当前社会中最有用的知识，就要尽快地去掌握它。这样机会到来时，你才会发现你比别人有更大的筹码和胜算。

以前人们求职更多的是注重高收入，眼下，更长远一些的因素开始越来越受到人们的关注：公司能不能提供正规的培训，使自己得以不断提升？也正因为如此，我们看到，在不少单位的招聘广告中，都把“培训机会”写在了显赫的位置上。

随着信息时代新知识的膨胀性扩展，企业管理人员最终意识到，企业内部人力资源必须通过不断的开发，企业员工所具有的知识与技能才能完成再生及再利用，否则这种“易耗型资源”将会随时消耗殆尽。美国《Complne world》杂志日前的一项以IT从业人员为对象的调查显示：在高工资之外，人们更渴望公司提供培训教程。该杂志表示，管理者必须与IT从业人员进行更有效的交流，提供使专业人员提高技能的机会以及由公司负担的学习进修机会。

实际上，在单位不能满足自己时，有心计的白领们早已自掏腰包开始接受“再教育”。工商管理、计算机、财务、英语等都是比较热门的项目，这类培训更多意义上被当作一种“补品”。在以后的职场冲浪中，这些培训将化作各种资格证书，在求职或跳槽时增加自己的“分量”，有时学历证书反倒排在了后头。

美国职业专家指出，职业半衰期越来越短，所有高薪者，若不学习，无需5年就会变成低薪。人才处于不断折旧中，而学习是防止人才折旧的最好方法。人才市场也随之出现了新的概念，由原来的高学历、高职称就是人才，转向“有需要才是人才”。科技发展一日千里，市场经济千变万化，人才的需求也随之不断改变。

因此，未来社会只有两种人：一种是忙得要死的人，因为工作和学习；另外一种是找不到工作的人。来自人才市场的信息已表明，现在的人才市场对英语人才的需要已经由原先的纯英语人才转向更青睐法律英语、金融英语等复合型人才；IT行业更是如此，由原先的单一IT人才转向更看重IT+管理、IT+产品研发等复合型IT人才，单一型人才的地位眼看难保。

做一个浑身充满勇气的人

在勇气面前，任何困难和挑战都是它的手下败将。

勇敢地面对挑战，像战士一样勇敢地面对工作中的一切艰难险阻，才是每一个人应该具有的本色。

勇气，是通往成功的第一座桥梁。

每一个成功者都知道，在他们为之奋斗的目标中，绝对不可能是一帆风顺的。前进的道路上总会有暗礁险滩，会有狂风恶浪，当然也有不顺心、不如意的时候，也会存在无所适从，甚至胆怯的时候。但那或许只是一瞬间的事，他们从不会因此而退缩，更不会轻言放弃。

而没有勇气的人如一只“惊弓之鸟”，事业上、生活中的任何一点点风吹草动和坎坷磨难，对他来说都是一场浩劫，一场无可避免的灾难，都是足以令他们惶惶不可终日的巨大恐惧。

美国第一大汽车制造商——亨利·福特在取得成功之后，便成了众人羡慕的人物。有的人觉得他是由于运气，或者是得益于有影响的朋友的帮助，或者说他本身就是一个管理天才，或者他具有常人所认为的形形色色的“秘诀”——所以福特成功了。

事实上只要了解一下福特的行事风格，就可完全知悉他成功的“秘诀”。

多年前，亨利·福特决定改进著名的T型车的发动机的汽缸。他要制造一个具有铸成一体的八个汽缸的引擎，便指示工程人员去设计。可是，当时所有工程技术人员无不认为，要制造这样的引擎是不可能的。虽然面对的是老板，他们还是一口回绝了这样的“无理要求”。

听完技术人员的介绍后，福特没有气馁，他用无可反驳的语气说：“无论如何要生产这种引擎。”

“但是，”他们回答道，“这是不可能的。”

“我是绝不相信任何不可能的。去工作吧！”福特命令道，“坚持做这件工作，无论要用多少时间，直到你们完成了这件工作为止。”

被他的气势感染，负责技术的员工只好去工作了。如果他们要继续做福特汽车公司的职员，他们就不能去做别的什么事。六个月过去了，工作没有任何进展。又过了六个月，他们仍然没有成功。这些工程人员愈是努力，这件工作就似乎愈是“不可能”。

在这一年的年底，福特咨询这些工程人员时，他们再一次向他报告他们无法实现他的命令。

“继续工作。”福特义无反顾地说，“我需要它，我决心得到它。哪怕它是一只老虎，我也有勇气擒住它！”

最后的情形是怎样的呢？

在这种勇气面前，任何困难和挫折都成了它的手下败将。

当然，制造这种发动机不是完全不可能的。后来这种发动机装到最好的汽车上了，使福特和他的公司把他们最有力的竞争者，远远地抛到了后面。

福特的勇气给了技术人员必然成功的心态。他的勇气也让参与研制开发的人员没有任何退路可走。“置之死地而后生”，他们只能孤注一掷，只能成功。

敢于应对挑战的人就是在这样的情形下，把一个个奇迹变成了现实，把一个个不可能变为了可能。

一个人做事就是要具有福特那样的气概，怀有非凡的勇气、决不罢休的气势，在人生战场上劈波斩浪。

做一个讲规则的人

在以规则为纲的社会里，你会轻松、自由的生活；而在一个不太重视规则的社会里，生活却是一件相当累人的事。

其实，这不怪生活中没有规则；而是人们不习惯遵循规则。贪图方便的人，总以为蔑视了规则，自己就获得了优先他人的便利，结果呢，他给别人制造了麻烦，也给自己带来了麻烦。其实，生活中的不便，相当大一部分是人们互相制造的。

有的人视规则为儿戏，不拿规则当回事；有的人视规则为橡皮泥，随意拿捏。有令不行，有禁不止。

和谐社会应当是一个秩序的社会、法治的社会。它要求其公民具有强烈的规则意识，遵守国家法律、法规，遵守各级组织所制定的规章、制度，遵守公共生活准则。否则，和谐的社会就只能是水中月、镜中花，而难以成为现实。

一个曾在德国留学的学生讲过这样一件事，他说：

“1993年的除夕之夜，我在德国的明斯特参加学生的春节晚会。晚会结束时，整个城市已经熟睡了。这时，谁不想早点儿到家呢？我和先生走得飞快，就差跑起来了。”

刚走到路口，红绿灯就变了。迎向我们的行人灯转成了“止步”：

灯里那个小小的人影从绿色的、甩手迈步的形象变成了红色的、双臂悬垂的立正形象。

假如在另外的时候，我们肯定停下来等绿灯。可这会儿是深夜了，马路上没有一辆车，即使有车驶来，500米外就能看见。我们没有犹豫，走向马路……

“站住。”身后，飘过来一个苍老的声音，打破了沉寂的黑暗。我的心倏然一惊，原来是一对老夫妻。

我们转过身，歉然地望着那对老人。

老先生说：“现在是红灯，不能走，要等绿灯亮了才能走。”

我的脸忽地烧了起来。我喃喃地道：“对不起，我们看现在没车……”

老先生说：“交通规则就是原则，不是看有没有车。在任何情况下，都必须遵守规则。”

从那一刻起，我再没有闯过红灯。我也一直记着老先生的话：“在任何情况下，都必须遵守规则。”

我们每个人都活在规则的世界里，俗话说：没有规矩不成方圆，社会是以原则为纲的，做人有做人的原则，做事有做事的原则，不懂原则，不按规矩办事，必然导致整个社会系统功能紊乱，社会也就不称其为社会了。

人与人之间的交往也有其特定的原则。虽然大多数人都清楚这些规矩和惯例，但并不是所有人在所有的时间都能够很好的遵守。他们就像那位留学生一样，常在自认为是无关紧要的时候忽略这些原则的重要性，不仅给别人添堵，也给自己制造麻烦。没有规则，我们将没有安全，没有发展的机会与平台，更谈不上什么成功。是规则和制度为我们提供了不断成长的平台，使我们离成功越来越近。

该出手时决不犹豫

机遇是一位神奇的、充满灵性的，但性格怪僻的天使。它对每一个人都是公平的，但绝不会无缘无故地降临。坐等成功的到来，机遇只能擦肩而过。

曾有一个人一天晚上碰到一个神仙，这个神仙告诉他说，有大事要发生在他身上，他会有机会得到很大的财富，在社会上获得卓越的地位，并且娶到一个漂亮的妻子。

这个人终其一生都在等待这个奇异的承诺，可是什么事也没发生。这个人穷困地度过了他的一生，最后孤独地老死了。当他上西天后，又看见了那个神仙，他对神仙说：“你说过要给我财富、很高的社会地位和漂亮的妻子，我等了一辈子，却什么也没有。”

神仙回答他：“我没说过那种话。我只承诺过要给你机会得到财富、一个受人尊重的社会地位和一个漂亮的妻子，可是你让这些从你身边溜走了。”

这个人迷惑了，他说：“我不明白你的意思。”

神仙回答道：“你记得你曾经有一次想到一个好点子，可是你没有行动，因为你怕失败而不敢去尝试。”这个人点点头。

神仙继续说：“因为你没有去行动，这个点子几年以后给了另外一个人，那个人一点也不害怕地去做了，你可能记得那个人，他就是后来变成全国最有钱的那个人。还有，你应该还记得，有一次发生了大地震，城里大半的房子都毁了，好几千人被困在倒塌的房子里，你有机会去帮忙拯救那些存活的人，可是你怕小偷会趁你不在家时，到你家里去打劫、偷东西，你以这作为借口，故意忽视那些需要你帮助的人，而只是守着自己的房子。”这个人不好意思地点点头。

神仙说：“那是你去拯救几百个人的好机会，而那个机会可以使你在城里得到多大的尊崇和荣耀啊！”

“还有，”神仙继续说，“你记不记得有一个头发乌黑的漂亮女子，你曾经十分强烈地被她吸引，你从来不曾这么喜欢过一个女子，之后也没有再碰到过像她这么好的女子。可是你想她不可能会喜欢你，更不可能会答应跟你结婚，你因为害怕被拒绝，就让她从你身旁溜走了。”这个人又点点头，可是这次他流下了眼泪。

神仙说：“我的朋友啊，就是她！她本来该是你的妻子，你们会有好几个漂亮的孩子，而且跟她在一起，你的人生将会有许许多多的快乐。”

不愿行动就等于放弃了成功的机会，一个成功者，应该具有当机立断的能力，要自己把事情考虑清楚，计划周密，然后立刻勇敢果断地行事。这样往往能够随心所欲，大获成功。

许多人不成功，只因为他们总在起点上耽搁。到底该怎么做才能立即行动呢？首先，我们要知道，早起的鸟儿有虫吃。人生是短暂的，要做就得立即做。早一点动手，就早一点起步，早一点向成功迈进。

有一个自称“只要能赚钱的生意都做”的年轻人，在一次偶然的机会，听人说市民缺乏便宜的塑料袋装垃圾。他立即就进行了市场调查，通过认真分析，认为有利可图，马上着手行动，很快把价廉物美的塑料袋推向市场。结果，靠那条别人看来一文不值的“垃圾袋”的信息，两星期内，这位小伙子就赚了 4 万块。

只要有好的想法，哪怕它看起来很荒谬，都应该立即付诸实践。说不定奇迹就等在你的前面！让我们记住《福布斯》杂志的创立者福布斯的名言吧：“做正确的事情，把事情做好，立即做！”

只有那些懂得如何利用“每一天”的人，才会在每一天都创造成功事业的奠基石，孕育明天的希望。人要学会的不是去设想还有明天，而是要将今天抓在手掌里，将现在作为行动的起点。这样做的时候，你就真正有了明天。

改变世界不如先改变自己

许多人总是怨天尤人，抱怨这世界的不公平、不合理。为什么别人就能成为亿万富翁，自己却一贫如洗？为什么别人就能想干什么就干什么，自己却只能被束缚？……其实，怨天尤人是没有用的，不管现实合不合理，你就生活在现有的世界中，你改变不了世界，只能改变自己，尽自己最大的努力，获得更好的生存条件。

心若改变，态度就会改变；态度改变，习惯就改变；习惯改变，人生就会改变。

英国圣公会的主教的墓碑上写着这样一段话：

当我年轻自由的时候，我的想像力没有任何局限，我梦想改变这个世界。当我渐渐成熟明智的时候，我发现这个世界是不可能改变的，于是我将目光放短浅了些，那就只改变我的国家吧！但是似乎我的国家也是我无法改变的！当我到了迟暮之年的时候，抱着最后一丝努力的希望，我决定只改变我的家庭，我的亲近的人——但是，哎！他们根本不接受改变。

现在我临终之际，我才突然意识到：如果起初我只改变我自己，接着我就可以依次改变我的家人。然后，在他们的激发和鼓励下，我也许我就能改变我的国家。

很久以前，人类都还赤着双脚走路。

有一位国王到某个偏远的乡间旅行，因为路面崎岖不平，有很多碎石头，刺得他的脚板又痛又麻。回到王宫后，他下了一道命令，要将国内的所有道路都铺上一层牛皮。他认为这样做，不只是为自己，还可造福于他的百姓，让大家走路时不再受刺痛之苦。但即使杀尽国内所有的牛，也筹措不到足够的皮革，而所花费的金钱、动用的人力，更不知凡几。虽然根本做不到，甚至还相当愚蠢，但因为是国王的命令，大家也只能摇头叹息。

一位聪明的仆人大胆向国王提出建言：“国王啊！为什么您要劳师动众，牺牲那么多头牛，花费那么多金钱呢？您何不只用两小片牛皮包住您的脚呢？”国王听了很惊讶，但也当下领悟，于是立刻收回成命，采纳这个建议。据说，这就是皮鞋的由来。

想改变世界，但最后国王放弃了，他选择了改变自己的一个想法，路途也就不再遥远和充满痛苦了。

自身的改变有很多，但基本上有三种：个性的改变、脾气的改变、人生观的改变。

俗话说：“江山易改，本性难移”。可见，要改变个性并非一朝一夕就可以有所成效的，所谓“大的错误容易反省，小的陋习不易除掉”。虽说不容易，但也不是说就没有办法改变。因为惟有彻底地改变自己的不良习气，人生才可能有所转变。

“脾气、嘴巴不好的人，心地再好也不是好人。”这句话的另一个解读就是时刻提醒自己，不要乱发脾气。但是，人是很健忘的，特别是在生气时，往往是发完脾气才后悔。因此，人常常有一些自己看不见的盲点，而这些小习气也是影响成功或失败的最大原因。

人生观，是人们对人生问题的根本看法。主要内容是对人生目的、意义的认识和对人生的态度，具体包括公私观、义利观、苦乐观、荣辱观、幸福观和生死观等。人生观是人们在人生实践和生活环境中逐步形成的。由于人们的社会实践、生活境遇、文化素养和所受教育的不同，因而形成不同的人生观。正确的人生观指引人走上人生的正道，用自己的劳动去创造人生业绩，成为一个有益于社会有益于人民的高尚的人。错误的人生观将导致人背离人生的正道，走到邪路上去，甚至成为危害社会危害人民的罪人。

个性可以改，脾气可以改，人生观可以改。一个好的念头、好的性格、好的学识、好的习惯是不是就构成好的命运？也许不一定尽然，但是凡事境随心转，凡事向着阳光看，阴暗面自然会减少。念头改变了，命运也跟着改变，个性改了，命运也一样会改变。当我们改变了念头、个性，其实命运已经开始转变。生命的高度、宽度及视野也将扩大，人生的层次就可以达到更高层。

不管他人怎么说，就从今天起，让我们做自己真正命运的主人。

想改变世界，很难；要改变自己，则较为容易。与其改变全世界，不如先改变自己——将自己的双脚包起来。改变自己的某些观念和做法，以抵御外来的侵袭。当自己改变后，眼中的世界自然也就跟着改变了。

其实生活也一样，假如你希望看到世界改变，那么第一个必须改变的就是你自己。

先尊重别人，再要求别人尊重自己

俗话说得好：人敬我一尺，我敬人一丈。言下之意，尊重人的首要条件是你得先尊重我，我才尊重你，否则，便难得到我的尊重。强调同志间彼此尊重是没错的，但过分注重前提条件，总是别人先尊重自己，而不想着自己如何尊重别人，那还能形成彼此间的尊重吗？这是很普遍的心理。因为每个人都希望得到别人的尊敬。但是，那些聪明的人，不会先要求别人的尊重，而是首先“敬人一尺”，然后自然会得到“人敬一丈”的回报。

大卫·史华兹初创罗兰奴真服装公司时，因为没多少钱，聘不起服装设计师，只能生产一些很普通的衣服。一天，史华兹去一家零售商店推销成衣。店老板不屑一顾地说：“你的衣服是三流设计师设计的，也许你的公司里根本就没有设计师。”

史华兹见他一语说中要害，顿时来了兴致，便坐下来，同他攀谈起来。原来，此人名叫杜敏夫，是位服装设计师，曾在三家服装公司打工。由于老板没眼光，对他的设计总是不满意，他干不多久就只好走人。后来，他一气之下，索性不搞设计，做起了服装生意。

史华兹相信杜敏夫是一个好设计师，便邀请他到自己的公司工作。谁知杜敏夫竟大叫起来：“我宁可饿死，也不做服装设计师！”史华兹只得暂时作罢。

后来，史华兹一次又一次地拜访杜敏夫，终于使他接受了邀请。

尽管杜敏夫脾气古怪，很不易相处，但史华兹却以包容之心，真心实意地接受他。后来，杜敏夫设计出了许多极具创意的时装，帮助公司一举打开了市场。

现在，罗兰奴真已成为美国最大的服装公司。

其实，大部分人都怕别人敬，不怕别人贬低。正像有些人说的：怕表扬，不怕批评。为什么会有这种心理呢？这是因为，要把事情做得漂亮是很难的，马马虎虎对付却很容易。你把他看低，他正好拣容易的做，马马虎虎对付你一下，你把他看高，他拗不过你的好意，只好勉为其难地往好里做。

所以，在生活中，为了让对方的表现合乎你的期望，最好是聪明着点，千万不要随便贬低别人。否则，他的表现可能像你所说的一样糟糕。

人都有一定的自尊心，你要想别人尊重你，你首先便要尊重别人。一个不尊重别人的人，是绝不会得到别人的尊重的。所以，我们要获取他人的好感和尊重，首先必须尊重他人。

要做到尊重他人，首先必须平等地对待每一个人。心理学研究表明，人都有友爱和受尊敬的欲望，交友和受尊重的希望都非常强烈。

在沟通中，千万不要伤害对方的自尊，否则，受损失的一定是你自己。

当你对自己诚实的时候，这世界就没有人能够欺骗你

做人为什么要诚实？首先，诚实会使我们内心坦然，而说谎、欺瞒，则会折磨你的良心，让你的心境处在一种灰暗、忐忑不安、时刻紧张的状态中。这种自我折磨正是不诚实的必然结果。

古波斯诗人萨迪说：“讲假话犹如用刀伤人，尽管伤口可以治愈，但伤疤将永远不会消失。”他还说：“宁可因为真话负罪，不可靠假话开脱。”

萨迪的话的确很耐人寻味。说谎或说假话，常被一些人视为“聪明”的处世之道。他们为了掩饰自己的过错或推脱责任而说谎，或者为了谋取个人利益而骗人。他们自以为得计，或暂时得逞，但假的就是假的，谎言早晚有被揭穿的一天，那时他们将因自己的不诚实而失去他人的信任。谎言在被骗者心头留下的伤疤是很难消失的。我们都知道那个说“狼来了”的人，他可以一次再次地骗人，但当狼真的来了时，就没有人再相信他了，他只能眼睁睁地看着羊被狼叼走。

有一个笑话，说有一个老太婆卖松花蛋，松花蛋卖得很火，老太婆动心眼了：我干吗这么实诚呢？她于是把大鸡蛋换成了小鸡蛋，外面糊上厚厚的泥。没想到，照样卖得很火。老太婆尝到“甜头”了，又把鸡蛋换成了土豆——还是卖得很火。一不做二不休，老太婆索性用鹅卵石代替土

豆，冒充松花蛋卖！她还是卖得很火！当老太婆高高兴兴地点着手里的钞票时，她的头上突然下起了“雹雨”——一块块鹅卵石、一颗颗土豆，甚至还有一个个鸡蛋，劈头盖脑地都砸向了她。

说谎，其实是一桩很累人的事。

有人说，我也知道做人要诚实，但现实生活中，诚实的人常常吃亏，你不说假话，就很难办成事。

这里存在着一个误区，就是如何看待“吃亏”，如何看待“办成事”。

我们看到身边和社会上一些人靠说假造假“办成”了“事”，那是什么“事”呢？是骗到了一官半职，是赚到了不义之财，是用一纸买来的假文凭在某公司谋到了好差事，是用让人代笔写的论文拿到了毕业证书，是像有些地方的考生通过作弊上了大学……这样的“事”即使办成了，又有什么可让人羡慕的呢？这不是违法乱纪的行为吗？除了那些利令智昏、全然视法律为儿戏、不惜以身试法的坏人外，我们相信，这多数仅仅是私心作祟。对一时犯糊涂的人来说，他们靠这种手段侥幸“成功”于一时，但从此以后，恐怕就要生活在良心的自责和惟恐被揭穿的恐惧之中了。这是“得便宜”还是“吃亏”？

诚实的人是会吃一些“亏”的，比如在存在着不公平、不公正的情况下，或你面对的是一个并不诚实的人时。你有真才实学，你相信靠本事吃饭，结果领导给他的三亲六戚加薪提职，却把你这老实人抛在一边。你明显是“吃亏”的。但这不是诚实的罪过，而是不公正的领导的罪过。你应该对这种不公正愤怒，而不能对诚实愤怒。你愿意因此而扭曲了自己，从此也去做一个不诚实的、待人不公正的人吗？那你岂不是把自己也变成了你的“领导”那一类你瞧不起的人？

现在有一种说法，叫说谎不可以，但说“善意的谎言”无伤大雅。有人甚至说“善意的谎言”是生活的调味品。是的，我们有时的确需要说说谎，比如为了不致给患绝病的亲人增加精神压力而谎说他的病情；或者为了安慰失去亲人的人而瞒着噩耗。这都是不得已的事，是权宜之计。这当然是无可厚非的。但现在有一种倾向，却是在“善意的谎言”的名义下，心安理得地欺骗自己的亲人、朋友、同事等等。或许事情并不大，例如对妻子谎称是单位加班，而实际上是与朋友去打麻将；或明明是与昔日的恋人见面(绝对是很正常的见面)，却告诉妻子是去参加同事聚会……诸如此类，都是为了避免不必要的矛盾或误解等。

当然，这种“善意的谎言”你仍可以撒，但你想没想过，一是败露后会不会伤害感情？二是谎话太多你累不累？你有没有更深入反省一下，为什么很正当的事却要用谎言——哪怕是善意的谎言来掩护呢？这是不是说明你和对方还是彼此缺乏信任？或者就是你自己心里有那么一点不踏实的东西在作祟？

有一个外国作家说：“无害的谎言说多了也会有害。”所以，所谓“善意的谎言”能不说还是尽量不要说吧。

不要轻易向别人许诺

帮助别人是好事，但是一定要量力而行，不能打肿脸充胖子。答应帮助别人，就一定要信守自己的诺言。所以，在帮助别人之前首先看自己能不能办到，如果没有把握就不要轻易对别人承诺。这是人人都明白的道理，可总有那么一些人不自量力，对朋友请求帮助的事情一口答应下来，事情办好了什么事也没有，假如办不好或只说不做，那就是不守信用，朋友就会埋怨你。

对于一个有权力的人来说更应该注意这一点，因为你有权，亲戚朋友托你办事儿的一定不少。这时你应该好好考虑考虑，不能轻易答应别人。有的朋友求你帮忙的事可能不符合政策，这样的事最好不要许诺，而是当面跟朋友解释清楚，不要让朋友心存误会，认为你不帮忙；有的朋友找你办的事可能不违反政策，但确有难度，就需要跟朋友事先说明，这件事难度很大，我只能试试，办成办不成很难说，你也不要抱太大希望，这样做是给自己留有余地，万一办不成，也会有个交待。

当然，对于那些举手之劳的事情，还是尽量答应朋友去办，但答应之后，无论如何也要去办好，不可今天答应了，明天就忘了，万万不可失信于人。

我们在这里强调不要轻率地对朋友做出承诺，并不是说要一概回绝，而是要三思而后行。尽量不说“这事没问题，包在我身上了”之类的话，给自己留一点余地。不经过考虑而随便承诺，只能害人害己。

春节联欢晚会上曾演出这样一个小品：一个老实巴交的人担心自己的领导和同事会看不起自己，就假装自己手眼通天，别人求他办事，不管有多大困难一概来者不拒。为了帮别人买两张卧铺票，不惜自己通宵排队，结果不但自己吃苦不说，还闹出了一连串的笑话。

有时候，一些比较不错的朋友托你办事时，你为了保全自己的面子，或为给对方一个台阶，往往对对方提出的一些要求，不加分析地加以接受。但不少事情并不是你想办就能办到的，有时受各种条件、能力的限制，一些事是很可能办不成的。因此，当朋友提出托你办事的要求时，你首先得考虑这事你是否有能力办成，如果办不成，你就得老老实实地说“我不行”。随便夸下海口或碍于情面都是于事无补的。

要记住，现在大多数人都喜欢“言出必行”的人，却很少有人会用宽宏的态度去谅解你不能履行某一件事的原因。因此，拿破仑说：“我从不轻易承诺，因为承诺会变成不可自拔的错误。”

“你的承诺和欠别人的一样重要。”这是人们的普遍心理。

当对方没有得到你的承诺时，他不会心存希望，更不会毫无意义地焦急等待，自然也不会有被拒绝的惨痛。相反，你若承诺，无疑在他心里播种下希望，此时，他可能拒绝外界的其他诱惑，一心指望你的承诺能得以兑现，结果你很可能毁灭他已经制定的美好计划，或者使他延误寻求其他外援的机会。如此一来，你的形象就会大跌，别人因你不能信守承诺而不相信你了，别人也不愿再与你共事，不愿再与你打交道，那么，你只能去孤军奋战。

事物总是发展变化的，你原来可以轻松地做到的事可能会因为时间的推移、环境的变化而有了一定的难度。假如你轻易承诺下来，会给自己以后的行动增加困难，对方因为你现在的承诺而导致将来的失望。因此，即使是自己能办的事，也不要轻易承诺，不然一旦遇上某种变故，让本来能办成的事没能办成，这样一来，你在他人眼里就成了一个言而无信的伪君子。对时间跨度较大的事情，可以采取延缓性承诺。

东汉末年，华歆、王朗一同乘船逃难。有一个人要搭船，华歆很为难，王朗说："希望你大度一些，只是搭搭船有什么不可以？"后来强盗追采，王朗想把搭船的人扔掉，华歆说："我刚才之所以犹豫，正是因为这个，既然已经接纳了他，他把自己托付给我们了，怎么能由于危难而抛弃他呢？"世人以这件事评价华歆和王朗的好坏。

你的信用能给予别人良好的印象，在这个社会中再没有什么比别人的信任更珍贵。因此，你在接到别人的请求时，一定要考虑清楚，千万不要轻易许诺。许了诺，便一定要不惜一切代价去遵守，即使没有成功，别人也会为你的态度所打动，他们会认为你是一个讲信誉的人，从而会信赖你，有了众人的信赖，你在生活中就能立于不败之地。

一诺千金，言出必行

现代社会要求人们讲究诚信。诚信，简而言之就是诚实守信，它是做任何事情的前提，也是一个人为人处世的最基本的要求。如果我们一味地虚伪，换回来的只会是利益相关之下的交情。要得到别人的信任，首先要靠自己的坦诚，也就是说要以真诚待人，拿出自己的真心，要设身处地地为他人着想。

诚实守信是一种人格名誉。任何人都应该努力培植自己良好的名誉，使人们都愿意与你深交，都愿意竭力来帮助你。一个明智的人一定要把自己训练得十分出色，不仅要有做事的本领，为人也要做到十分的诚实和坦率。

诚信是做人之本，有些人可能会认为成功人士的成功来自于他工作技巧的精妙，而实际上，诚实守信更是他们成功的主要条件。

很多现代工商界人士只知道名震海内外的“宁波帮”，但极少知道它的奠基者严厚信，也不知道他是我国近代第一家银行、第一个商会、第一批机械化工厂的创办者，更不知道为什么他在当时的工商界信誉卓著、成就令人瞩目。

严厚信原籍慈溪市，少年时，因为家里贫困，只上过几年私塾，辍学后在宁波一个钱庄当学徒。可没多少时间他就被老板借故“炒了鱿鱼”

。之后，他经同乡介绍在上海小东门宝成银楼当学徒。在此期间，他手脚勤快、头脑灵光，很快掌握了将金银熔化的技术，并掌握了打铸钗、簪、镯、戒指和项圈等各种首饰的技巧。同时，业余时间他喜欢读书，尤其酷爱书法和绘画。他常常临摹古今名家的作品，几乎可以达到乱真的程度。

后来，严厚信在生意中结识了“红顶商人”胡雪岩。一次，胡雪岩在宝成银楼订做一批首饰，严厚信亲自动手，做好后又亲自送去。胡雪岩给他一包银子，要他点一下，他说：“我相信胡老爷，不用点。”但是，拿到店里数一下，发现少了2两银子，他不声不响，将自己的辛苦工钱暗暗地凑在里面，交给了老板。又一次，胡雪岩要宝成银楼的首饰，严厚信送去之后，数也不数拿了一包银子回来。可是回来一数，吓了一跳，多出了10两银子。10两银子，当时相当于一个小伙计的几年辛苦工钱。然而，他想起家里大人的教诲，绝不能要昧心钱。因此，次日一早，他马上送还给了胡。其实，同前一次一样，这是胡雪岩试他的品行。自然，他得到了胡雪岩的好感。继而，他以自画的芦雁团扇赠给胡雪岩，深得胡的赏识，称赞他“品德高雅、厚信笃实，非市侩可比。”于是，推荐给中书李鸿章。他得到了在上海转运饷械、他在天津帮办盐务等美差，逐渐积累了一些金钱。尔后，在天津开了一家物华楼金店。

严厚信拿自己的诚信换取了他人的信任和赏识，他人的信任和赏识也把严厚信推向了成功与卓越。

李嘉诚十分诚恳地拿一句话奉劝想在工作上有所作为的人：你应该随时随地地去加强你的信用。一个人若想加强自己的信用，并非心里想着就能实现，他一定要有坚强的决心，以努力奋斗去实现。只有实际的行动才能实现他的志愿，也只有实际的行动才能使他有所成就。换言之，要获得人们的信任，除了一个人人格方面的基础外，还需要实际的行动。

有了信誉，自然就会有财路，这是一个企业发展必须经历的过程，就像做人一样，对自己所说出的每一句话、做出的每一个承诺，一定要牢牢记在心里，并且一定要能够做到。兑现自己的承诺，这也不仅仅是个人品质问题，更对工作有深远影响。

如果要取得别人的信任，你就必须做到恪守承诺。在做出每一个承诺之前，必须经过详细审查和考虑。一经承诺之后，便要负责到底。即使中途有困难，也要坚守承诺，贯彻到底。当我们这样付出后，我们得到的可能不仅仅是别人的信任。

假如每个人都带着虚假的面具，假如人与人之间都在编造谎言，彼此互相猜疑，彼此不信任，那么世界肯定会暗无天日，我们也会感到无所适从，不知道如何与人交往，不知道什么是我们立身成事的工作。

要切记，恪守自己的诺言。

第七章

不欺骗自己：做独一无二的自己

雪花是独一无二的，没有任何两朵雪花是同样的。而指纹、声音和DNA也是如此。因此，可以肯定，每一个人都是独一无二的个体。尽管在世上没有与我们相同的人，但还是习惯与别人比较。把自己与别人比较是毫无意义的，因为你根本不知道别人在生活中的目标与动力以及别人独一无二的能力。我们对自己的认知、对自己的定位以及我们将要实现的目标决定着我们在这个世界上的独特的位置。要想做个独一无二的人，首先你就不要欺骗自己！

要正确认识自己

据说在阿尔卑斯山的入口处，就写着“认识你自己”这样一句警语，让人们永远记住这句话。因为只有认识了你自己，你才能变得睿智，你才能胜不骄、败不馁，才能“不以物喜，不以己悲”，踏踏实实地度过自己的人生。

人要知道自己、了解自己，还要知道自己是一个什么样的人，有什么优点和缺点，自己应该走什么样的路，适合干什么等，换言之，人要找准自己的社会角色定位。

人一生的奋斗过程其实就是战胜自我的过程，要想战胜自我，当然首先要尽量地了解自己。假如对自己的优点、缺点都不清楚，那就很难在工作中扬长避短，挑战自我。

怎样看待自己与自信心有关，自信心强的人能较好地看到自己的潜力，而自卑的人则会对自己有所贬低。假如觉得自己是个乐观向上的人，那么你就会表现得乐观向上；而如果认为自己是个内向而迟钝的人，那很可能就会表现得内向迟钝。

但每个人对自己还是要有一个基本的认识，要能比较客观地看待自己的能力、性格。假若过高地看待自己，很容易遭受挫折。当你发展顺利、平步青云、一路鲜花掌声时，要时刻提醒自己保持清醒，不能滋生骄傲情绪，不能目中无人，目空一切。要像刚起步时那样看待朋友，看待生活，要一如既往地勤奋忠实。许多人就是在取得一点成绩以后就认不清自己，于是把自己和原来的“我”分开，同时也把自己和朋友、亲人分开，使自己游离于社会之外，其实这时在很多人眼里，他已经是个另类人物了。

一旦一个人失去了一颗平常心，那他也就离失败不远了。很多成功的企业家之所以出事，就是因为没能很好地找准自己的坐标，没能把现在的自己和原来的自己联系起来。而且当一个人成功时，周围人的吹捧也是最容易乱分寸的，因此，明白人永远是以自己心中的自我为基准，绝不在乎他人的吹捧。

人在逆境中也如顺境中一样会迷乱方向。挫折和困难会使人怀疑自己，很多坚强的人能认识到自己的能力和优势，也分析清楚失败的原因，权衡再三，认为自己可以获得成功。于是，再次坚定自己的信心，再次树起理想，就地爬起，重整旗鼓，再创辉煌。也有一些人怀疑自己，进而认定自己确实不行，于是知难而退。

那么如何才能看清自己呢？首先对自己要有一个基本的认识。自己在人际交往方面有何特长，社交面如何？自己做事踏实吗？耐心和毅力如何？创新如何？甚至对自己的血型和血质都要有一个基本的了解，然后根据这些资料给自己设计一个最佳的生活方式，选定一个比较能发挥自己优势的工作。

当然在工作中，人的能力会不断地改变，而且也会不断发现自己新的潜力，因此，平时如能多加学习，多和朋友交流，多给自己一些锻炼的机会，就会更早、更容易发现自己的潜能，从而使自己的能力得到充分的发挥。

展现独特的自我

在这个世界上，每一个人都是独一无二的，都具有与众不同的特殊性。这种特殊性可以表现在一个人的生理素质和心理素质上，也可以表现在一个人的社会阅历与人际关系上。与众不同的特殊性是一个人走向成功和自由的基础；人必须植根于自己的特殊性，忽视自己的特殊性或者故意抹杀自己的特殊性，是永远也不可能获得真正的成功和自由的。

尽管宇宙间美好的东西比比皆是，但是，不在烙上自己特殊性印记的那片土地上付出艰辛的人，终将一无所获。

很多人在生活和事业上循规蹈矩、谨小慎微，权威怎么说，他们就怎么说；众人怎么做，他们也就怎么做。他们是随波逐流的一群，毫无主见，毫无个性，只知道跟着潮流跑，根本不管潮流的方向怎样，也不在乎自己究竟能随大流跑出什么名堂。

有一些人自惭形秽，对自己独特的存在价值缺乏信心，对自己的特殊性感到害羞和不安。他们总想成为别的什么人，而不是他们自己。他们总是羡慕他人，模仿他人，总希望自己长的像别人，吃的像别人，住的像别人，甚至连言谈举止、说话腔调都要效仿他人。

在生存竞争激烈的现时代，不展示自己的独特性，不拿出点自己的绝活儿来，连生存都困难，更别谈发展和成功了。

卓别林在进入演艺圈的最初一段时间，煞费苦心地去模仿当时一个闻名遐迩的喜剧大师，结果自己始终默默无闻。后来，卓别林根据自己独有的特殊性创造出了自己的表演风格，这才使他成为有史以来最伟大的电影明星之一。

爱默生曾经说过："羡慕就是无知，模仿就是自杀。"无论是历史上，还是在现实生活中，不知道有多少天赋非凡的模仿者，由于遗忘或者故意掩饰自己的特殊性，最终都一事无成，沦为追随他人的牺牲品。

当然，模仿别人并不是完全不可以。有时候，模仿一些成功者的想法和做法是十分必要的。但是，除非根据自己的特殊性去模仿，在模仿的过程中融入一些真正属于自己的东西，否则，成功和自由是不可想象的。

生命的意义在于创新的刺激，人生最重要的欢乐在于创造的欢乐。首先必须和别人干的不一样，然后才能比别人干得好；首先必须为这个世界带来一些新的东西，然后才能实现自己的成功和自由。

你就是你，不是别人；你不需要成为别人，你也不可能成为别人。无论你想在哪一个领域中获得自由与成功，你都必须保持自己的本色，培养属于自己的风格。

毋庸置疑，保持和发扬自己的特殊性并不是轻而易举的。在你的生活和工作中，总有一些人会对你与众不同的特殊性看不惯，他们可能会劝告你，也可能会指责你，甚至还会打击你。由此，在一些无关紧要的方面，你决不应故意与众不同、标新立异；故意与他人不一样虽然会一时惹人注目，但却会为你真正的成功和自由埋下祸根。

正确的做法应当是：在次要的地方，你不妨从众，不妨做出一些妥协和让步，以减少那些不必要的麻烦；而在决定成败、决定前途和命运的关键时刻，务必像雄狮和苍鹰那样独立，坚持自己的独特性，发扬自己的特殊性，决不为任何外在的压力所折服。

保持清醒的头脑

在任何情形与环境下，保持着一个清醒的头脑总是具有相当的定力，是一种聪明而能自制的人。

容易头脑模糊的人，面临突发事件，或一受到重大的压力，就张皇失措。这样的人是一个弱者，是不足托以重任的。

在他人束手无策时知道怎样想办法的人，在别人慌乱时仍然镇静的人，在大责任搁在肩上、大压力加在身上不会恐慌张混乱的人，才会处处受人欢迎，为人重视。

在某一机关中，往往有这样一种人，其人在各方面的能力或许还不及其他的职员，但反而会突然升上重要的位置。因为雇主的眼光，并不在意这个职员的“才华”，而注意着头脑清醒、理智镇定、判断力正确的人。他知道，他的业务之安全、机关之柱石，就系于那些有正确的判断力、理智的头脑的职员。对于这样的人来说，金钱的损失、事业的失败、忧苦与艰难，都不足以破坏他精神上的平衡，因为他是有主见的。他也不会因小成功、小顺利而傲慢自满起来。

不管处在何种环境下，有一件事是每个人都可以做到的，这就是脚踏实地，即使跌倒也可立刻站起来，而不至失去平衡；我们应该在他人都慌张忙乱时，仍能镇定如常、思虑周详。这能给予我们以极大的力量，并在社会里占重要的地位，因为惟有头脑清醒的人，能在惊涛骇浪中平稳地驾驶船只的人，才是社会大众愿意托以重任、委以大事的人。动摇的人、犹豫的人、没有自信的人，临到难关就要倾跌、遇到灾害就要倒地的人，只是一个不经风雨的人，像年幼胆小的姑娘一样，只能在风平浪静之日驾驶扁舟。

冰山在任何情形之下，都不失其恬静与平衡，真是我们的一个绝好榜样！不管狂风吹打得怎样厉害，不管巨浪冲击得怎样猛烈，它都不会动摇、不会颠簸、不会显出一丝受震荡的迹象，因为它的八分之七的巨大体积，是沉在水面之下的。它的巨大体积平稳地藏在海洋之中，非惊涛骇浪之势力所能及。这种水面下的巨大的隐藏力，这种伟大的“运动量”使得暴露在水面的一部分冰山，可以不畏任何风浪。

精神的平衡，往往代表着“力量”，因为精神的平衡是精神和谐的结果。片面发展的头脑，不管其在某一特殊方面是怎样的发达，永远不会是平衡的头脑。一棵树，假若将其全部的汁液，仅仅输送给一条巨枝，而使其他部分枯萎至死，它就决不能成为一棵繁茂的大树。

理智健全、头脑清醒的人是不多见的。他们常常是“供不应求”。我们经常可以看到，连很多有本领的人，在多方面的能力很强的人，也会做出各种各样不可理解的、愚不可及的事情。他们不健全的判断、不清楚的头脑，往往阻碍了他们的前程，像流过高低不平的区域中的江水，后波每为前浪打回，所以不得前进一样。

如果想得到他人“头脑清晰”的承认与称许，你必须真的努力去做一个头脑清晰的人。大部分人做事，尤其在做小事时，往往是敷衍了事。他们自己也知道，他们不曾竭尽全力，而所做出来的结果，也不可能尽善尽美，然而他们还是在用这种做法。这种行为，往往减损我们成为头脑清晰的人的可能性。

毛病就在我们大多数人，总是做出二等三等的判断，而不想努力去做出头等的判断。这一切都是因为前者省力、容易得多。大部分人都是天性怠惰的，我们总喜欢逃避不愉快的艰难的工作。我们不喜欢做那些妨碍我们的安逸、不合我们的情趣，却足以烦恼我们的事情。

假如你能常常强迫自己去做你那些应该做的事，而且竭尽你的全力去做，不去听从你的怕事、贪安的惰性，那么你的品格、你的判断力，必会大大增进，你自然会被人承认，称许为头脑清晰、判断准确的人了。

坚持自我，保持本色

在这个世界上，每个人都有自己的特点，不必去苛求所有的人都按一种模式发展。假如说每个人都要去模仿自己心中的偶像，那么，这个世界将会变成什么样呢？

保持本色就是太阳不会因为乌云而失去自己的光芒；保持本色就是河流不会因道路的曲折而迷失方向偏离大海；保持本色就是不为大千世界中形形色色的变化而随意改变自我。

自然界中正因为有了很多的不同，才有了大千世界的美丽，才有了宇宙的神秘。人也是一样，只有每个人都有自己的特长，并充分地发挥出来，才有了社会的多姿多彩。平凡的人也不能小看自己，虽然你的物质生活没有他人好，或许你的开心、你的快乐正是很多富人所羡慕的。坚持自我，保持本色才是最重要的，有了这些，总有一天，你也会过上成功人士的生活。

从前有一只狼出去找食物，这只狼找了半天都没有收获。狼偶然经过一户人家，听见房中孩子哭闹，接着又听到一位老太婆的声音："别哭啦，再不听话，就把你扔出去喂狼吃。"狼一听此言，心中十分高兴，便蹲在不远的地方等起来。一直等到太阳落山，也没见老太婆把孩子扔出来。晚上，狼已经等得不想再等了，转到房前想伺机而入，却又听老太婆说："快睡吧，别怕，狼来了，咱们就把它杀死煮了吃。"狼听了，吓得一溜烟跑回了老窝。其他的动物都问它收获怎样，它说："别提了，老太婆说话不算数，害得我饿了一天，不过幸好后来我跑得快。"

生活中，有些人总是喜欢跟着他人，人家找什么样的工作，干什么样的事业，他就认为人家会发大财，就去学人家。在现实生活中，这已成为一种倾向。著名成功学大师卡耐基有这样的金言：一般人的心智能力使用率不超过10%，大部分人不太了解自己都有什么才能。一个人最糟糕的是不能成为自己，并且在身体与心灵中保持自我。你在这个世界上每天都是一个崭新的自我，为此而高兴吧！总有一天你会明白，嫉妒是无用的，而模仿他人无异于自杀。

人只有自己才能真正的帮助自己，只有耕种自己的田地才能收获自家的粮食。上天赋予你的能力是独一无二的，只有当你自己努力尝试和运用时，才知道这份能力到底有多么大的威力。

假如你不能成为山巅上一棵挺拔的松树，就做一棵山谷的灌木吧，但要做一棵溪边最好的灌木；假如你不能成为灌木，何妨就做一棵小草，给道路带来一点生气；成不了大路，何不做羊肠小道；成不了太阳，又何妨当颗星星……成败不在于大小，只在于你是否竭尽所能。

这就是做人快乐的原则，虽然你现在还是平凡的人，但现在的平凡并不表示你一辈子都是凡人，或许哪一天机会来了，你就会时来运转成为富人。因此，作为一个凡人也要敢于坚持自我，保持本色。假如你只知一味地附和或是模仿他人，那么，你就会失去人生的意义。

"王侯将相，宁有种乎？"陈胜正是发出了不屈从命运的呼声，中国历史上才出现了一场轰轰烈烈的农民起义。当他与其他穷人耕作于田垄，说道"苟富贵，无相忘"时，其他人蔑视地说道："我们只是为别人做工的奴隶，温饱问题尚未解决，何来富贵？"陈胜则说："燕雀安知鸿鹄之志哉！"当时，陈胜只是一个贫苦农民，他的才智、地位都无法和当时的诸侯相比，但他却发起了中国历史上第一次农民大起义。从此以后，农民的地位才不断提升。假如陈胜当时不坚持自己的想法，而是受其他人的影响，认为自己只是一个凡人，不可能有什么大的作为，那么，中国历史上第一个发动农民起义的人就不是他了。

当惠特曼要发表《草叶集》时，爱因斯坦曾提出要他将一部分诗删去，但经过思考，惠特曼认为那些内容没有必要删去，就坚持了自己的看法。《草叶集》发表后获得了巨大的成功，惠特曼也被奉为第一位真正的美国诗人。假如惠特曼不敢坚持自己的意见，或许他就不会成功。陶渊明不为五斗米折腰，与浑浊的官场划清界限；文天祥留取丹心照汗青，不为利益驱使，不为困苦所迫。他们能“出淤泥而不染，濯清涟而不妖”，都可以称得上是具有民族气节的英雄。因此，保持本色的人是智者，坚持自我的人是英雄。凡人也要做真正的自己，别怕与他人不一样，也不用看他人的眼神去生活。

在这个世界上，你是惟一的，应该为这一点而庆幸，应该尽量利用大自然所赋予你的一切。你只能做一个由你的经验、你的环境和你的家庭造就的你。爱默生在他的《论自信》中写道：“在每一个人的教育过程之中，他一定会在某个时期发现，羡慕就是无知，模仿就是自杀。不论好坏，他必须保持本色。虽然广大的宇宙之间充满了美好的东西，可是除非他耕作那一块属于他的土地，否则他绝得不到好的收成。他所拥有的能力是自然界赋予他的，除了他之外，没有人知道他能做出些什么，他能知道些什么，而这都是他必须去尝试求取的。”

虽然是凡人，你不必为别人的眼神唯唯诺诺地去做事，不必为别人的心思诚惶诚恐地苦自己。人活着就该潇潇洒洒自由自在，闷得慌就换个窗口去呼吸。为人一世就该生得堂堂正正、风风光光，没有必要去在乎外界的流言蜚语。

保持本色是永远地朝前看而不左顾右盼；保持本色，给自己的心中升起个太阳，让自己充满信心地去迎接挑战！

保持了自己的本色，就会更加喜欢自己。凡人也希望能给自己找个“

舒适空间”，如和睦的家庭、丰厚的收入、健全的心态、显要的地位等，然而这些“舒适空间”是要靠自己努力得来的，是外在的表现形式。在某种程度上说，自己喜欢自己的程度等同于自我价值的水准，你认为自己是幸福的就是幸福的，认为自己是富有的就是富有的。因为喜欢是没办法量化的，是一种内在的感觉。只有喜欢自己，才会自我暗示，自己是有能力的、有实力的、有信心的，才会有勇气面对严峻的现实；只有喜欢自己，才会设立自我理想、注重自我形象、实现自我价值，从而形成积极的、正面的自我观念。只有喜欢自己，才会爱自己，从而觉得活着是有意义的，求职是有意义的，工作是有意义的，自己的价值是能够实现的。

每个人喜欢自己的程度越高，其境界也就越高，树立的目标也越高。凡人不能逃避自己、厌恶自己，而是要感谢平凡为你带来的一切，保持自我本色，欣赏自己、挑战自己。

保持自我的本色，做一个真正的自我，这才是我们应该做的。

每个人的生活面貌都是由自己塑造而成的，假如你能学会接受自己，看清自己的长处，明白自己的短处，便能踏稳脚步，实现目标。发现自我，秉持本色，这是一个人平安快乐的要诀。

大道上可以迈出他人的豪迈阔步，但小道上也可以走出自己的悠闲恬淡；太阳赐予万物以生命之力，但是星星也可以点缀夜空，指明方向。凡人应该挣脱世俗的束缚，坚持自我，保持本色，这也是平凡赋予你的财富。

永远保持迷人的风度

很多人为了增加自己的形象魅力，隔三差五地跑到美容院。可这对提高一个人的人格魅力究竟能产生多大的作用呢？

曾有一位化妆师说过，为一个人化妆是一种智力活，化妆的最高境界可以用两个字形容，就是“自然”。最高明的化妆术，是十分自然地化妆，让人家看起来好像没有化过妆一样，并且化出来的妆要与主人的现实身份相匹配，能自然表现那个人的个性与气质，而不单是在表象上用功。

对此，我们是否应该有这样深刻的感悟：在这个世界上，一切的表象都不是独立自存的，也是不可信的，它一定要有其深刻的内在意义。那么，改变表象最好的方法，不是在表象上下工夫，而是一定要从内在改革。

魅力也是沟通交往中不可忽视的一个素质。沟通交往除了一些工作上的“公事公办”外，大多是凭着个人的兴趣、需要、好恶等因素进行的。这里，个人的人格魅力就起着很重要的作用。

所谓魅力，是指一个人所具有的吸引人的力量。在沟通中，人与人之间相互吸引的程度不同，往往造就了沟通关系的不同层次。

一个人的魅力是受多种因素影响的，比如，一个人的内在涵养和素质，外在的仪表、服饰，行为动作，地位和角色等。这些因素的差异以及交往个体能否巧妙灵活地运用这些因素，会直接影响到一个人的魅力，影响沟通的程度与效果。假如我们在沟通中注意扬长避短，既体现自己的个性，又把握分寸，则会收到取悦自己和吸引他人的意想不到的效果。

一个人的仪表是最先被对方的感官感知的，因此，仪表因素是构成一个人魅力的最基本的条件。亚里士多德曾经说过，漂亮比一封介绍信更具有推荐力，也更容易被人们所接受。事实的确如此，在其他客观条件相同的情况下，外表占有优势的人往往具有更大的魅力，特别是在异性之间。美国曾有学者做过这样一个实验：让一些男性评价假设都是女子写的论文，有的在论文上还贴有作者的照片。结果发现，贴有漂亮女性照片的论文得分要高于不贴照片的论文，而所贴照片不漂亮的论文得分又低于不贴照片的论文。这说明，在沟通交往中，外貌有着很大的影响力。

但是，外表的漂亮并不是绝对的。比如，外貌的吸引力对于男性就比女性更为重要。男性更多地受女性外貌的影响，而男性的外貌对于女性的影响就要弱一些。更能说明问题的是，一个人的内在素质有时会影响他的外貌。一所大学曾经邀请一位身高170厘米的工人和一位只有165厘米的哲学家同时给学生做报告。事后经过调查发现，所有学生都认为哲学家比那位工人长得高。虽然这里并不排除两个人在衣着打扮上的美感效应的差异，但更重要的还是演讲内容、知识修养等内在因素的影响。正所谓“情人眼里出西施”，人与人之间内在素质的吸引力往往比外表的吸引力更强，也更持久。

对于同一个人，可能有的人说他很具魅力，而有的人认为他毫无魅力可言。换言之，一个人是否具有魅力，可不是自己说了就算数，关键还要看他人对自己的态度。而有经验的沟通者，便会从对方的一言一行中判断出自己是否具有魅力。假如对方很愿意与你接触，或就坐时尽量靠近你，或很乐于接受你赠送的礼物，这些行为就表明了你在他的心目中是颇具有魅力的。

有的人在沟通中总认为自己时时“缺乏魅力”，不能吸引他人的目光。有的人可能是因为自己的身体存在一些先天的缺陷，但有的人可能是没有发现自己的魅力。用上述方法评价你的沟通活动，或许会改变你的看法、增强你的自信心、改善你的沟通关系。

魅力和风度一样，都是一个人的内在素质的外在体现，它不是自己模拟得之，更不是装腔作势的结果，而是人们在长期的生活和学习中所形成的良好性格、气质的自然流露。

善于利用魅力资本

拥有魅力在无形中已建立了你的竞争优势，你给了许多人以深刻的印象，那么自然与他人建立合作的可能性也增加了。同时，你往往能做到更有效率地协调人际关系，影响力更大，更容易给对方留下难以磨灭的印象。

有魅力的人往往在成功的道路上畅通无阻。因此，培养你的魅力，使自己成为有魅力的人是你走向成功的重要一课，这就叫“魅力资本”。

你或许会为一个才华横溢的人所折服，也可能会为一个妙语连珠的人所折服，但你更可能对一个性情温和、充满宽容与友爱之心的人留下深刻的印象。因此，构成一个人魅力的最核心因素往往不仅仅是天赋与才华，更重要的是一个人的性格、一个人的个性。

但一谈到性格或者个性，往往会有许多人感到失望，因为他们认为个性或性格是很难改变的东西。因此，要通过个性的培养成为一个有魅力的人其实很难，这种说法有一定道理，但不全对。改变你的个性是很难，但不是没有可能。假如我们以积极的心态来面对这个问题，那么我们就不会认为这一切是不可改变的。假如你朝着改变自我的方向上不懈努力，那么你终究会成功的。

假如我们能去抵抗这已形成的性格，就能够创造出新的个性。但大部分人的想法，首要的理由是不想改变自己。人就是这样，都希望自己成为精力充沛、充满理想、信心十足的人，都想成为极富魅力的人。但很少有人真正地在这个方面进行努力，因为人们往往满足于现状，一遇到改善自我的这种新想法时，就会下意识地保护自我。几乎大部分人，都想学习有魅力的个性、都想成为有丰富思想的人，但他们又往往采用旧的习惯而不愿有所改变。这是因为已有的性格往往根深蒂固，积习难除。威廉·詹姆士说："人希望自己所处的状况更好，却不想去实现。因为，他们被旧我束缚着。"

还有一些人希望并有勇气去改变自我的个性，但他们不知道该如何去做。通常来讲，每个人的个性都是逐渐形成的，每个人的个性都由一个个细小的方面构成。你怎么说话；你怎么对待他人；你在饮食、睡眠方面有什么样的习惯；你怎么对待不同的意见；你喜欢什么样的生活方式；你在商业行为中习惯扮演什么样的角色；你是否总是露出微笑等，这一切的综合就构成了你丰富的个性。既然你的个性是由很细小的方面决定，那么，假如要改变的话，也要从每个具体的方面开始。假如从明天开始，你能使你自己的说话方式变得更温和，使你自己的饮食更有节制，使你自己对别人更有热情，并且持之以恒，那么，你的旧个性就会逐渐地消磨掉，而更具魅力的新个性就会形成。

思想、行动与感情构成了你性格的三大基石。因此，若想从具体的方面来改变你的个性，你还要在思想、行动与感情方面进行努力。你的外在表现，也就是你性格的特征，主要不是由当时当地的环境决定的，而是由你的内在思想创造的。你能否改变自己也主要不是由于别人是否对你进行了批评，而是你自己本身是否想改变自己。

因此，是你的思想创造了你本身，使你成为现在这个样子。或许你没有意识到，但你仔细想想，是不是你怎么想就决定了你的性格？你为什么不被人喜欢呢？大概是你的想法不受欢迎。你为什么魅力四射呢？首先是你的想法，其次才是你其他条件的配合，使你引起了人们的普遍关注。有的人之所以无法成功，是因为他的想法使他难以成功。

他人通过你的行动——你的说话方式、你的做事方式、你的脸部表情——才能给你一个评判，才能使他们心中形成一个印象。行动是造就你魅力的关键，还因为只有通过行动你才能改善自身。通过很多小的行动、通过人格的训练、通过对自我行为的反思与调整，你就可以创造新的自我，使你自己变得更富有魅力。

魅力是别人对你的看法，他们通过你的外在表现、你的行动与思想，对你产生了喜欢以至某种带有神秘色彩的感情，所以魅力本身是一种感情。而别人对你的感情是与你对他们的感情高度相关的。假如你的感情特征是积极的、友善的、温和的、宽容的，那么你的魅力往往会大增；反之你就会成为一个不受欢迎的人。所以感情也影响了人性格的很大部分。

那么什么样的人是富有魅力的人呢？什么样的性格造就魅力呢？西方心理学界提出了一种说法，称为“令人愉悦的个性”。假如你拥有令人愉悦的个性，你往往会使自己的魅力大增。并非所有的性格都是令人愉悦的，有很多性格令大部分人感到不喜欢、讨厌，甚至是难以容忍。比如人们一般不喜欢消极的、极端化的性格特征，人们对报复性的、敌意的性格特征更是感到厌恶，但一般人们都喜欢富有热情的、积极向上的、友善的、亲切温和的、宽容大度的、富有感染力的性格。所以，如果你能够培养起为大部分人所喜欢的正面性格，那么你成功的可能性就大大增加了。

做事可以失败，做人不能失败

美国著名文学家海明威的代表作品《老人与海》中有这么一句话：“英雄可以被毁灭，但是不能被击败。”英雄的肉体可以被毁灭，可是英雄的精神和斗志则永远在战斗。

大部分人在一生中都不会一帆风顺，难免会遭受挫折和失败，但是成功者和失败者最重要的一个区别就是：失败者总是把挫折当成失败，从而使每次挫折都会动摇他胜利的信念；成功者从不言败，在一次又一次的挫折面前，总是对自己说：“我不是失败了，而是还没有成功。”一个暂时失利的人，假如继续努力，打算赢回来，那么他今天的失利，就不是真正的失败。相反的，假如他失去了再战斗的勇气，那就是真输了！

美国著名电台广播员沙莉·拉菲尔在她30年的职业生涯中，曾经被辞退18次，可是她每次都放眼最高处，确立更远大的目标。最初由于美国大部分的无限电台认为女性不能吸引观众，没有一家电台愿意雇佣她。

她好不容易在纽约的一家电台谋求到一份差事，不久又遭辞退，说她跟不上时代。沙莉并没有因此而灰心丧气。她总结了失败的教训之后，又向国家广播公司电台推销她的节目构想。电台勉强答应了，但提出要她先在政治台主持节目。“我对政治所知不多，恐怕很难成功。”她也一度犹豫，但坚定的信心促使去大胆的尝试了。他对广播早已轻车熟路了，于是她利用自己的长处和平易近人的性格，大谈即将到来的7月4日国庆节对她自己有何种意义，还请观众打电话来畅谈他们的感受。听众立刻对这个节目产生了兴趣，沙莉也因此而一举成名了。

如今，沙莉·菲尔已成为自办电视节目的主持人，曾两度获得重要的主持人奖项。她说：“我被人辞退18次，本来可能被这些厄运吓退，做不成我想做的事情。结果相反，我让他们鞭策我勇往直前。”

在困难面前摔倒是难免的，最关键的是你能够重新站起来，并且承受一次又一次的摔倒，即挫折、失败或迷惘，这样坚持到底，才能取得胜利。

有些人总把眼光拘泥于挫折的痛感之上，他就很难再抽出时间来想一想自己下一步怎样努力，最后怎样成功。一个拳击队员说：“当你的左眼被打伤时，右眼还得睁得大大的，这样才能看清敌人，也才能够有机会还手。假如右眼同时闭上，那么不但右眼也要挨拳，恐怕连命都难保！”拳击就是这样，即使面对对手无比强劲的攻击，你还是得睁大眼睛面对受伤的感觉，假如不这样的话，一定会失败得更惨。其实人生又何尝不是这样呢？

须知，挫折纵然无情，却给人无尽的砥砺；不幸固然残忍，却能使人趋于顽强。坎坷和泥泞，不足以停滞前行的步履，挫折中同样浇铸着辉煌，即使是一段阳光和坦途，也需要有助长奋进的决心和勇气。

大哲学家尼采说过：“受苦的人没有悲伤的权利。”已经受苦了，为什么还要被剥夺悲观的权利呢？因为受苦的人，必须克服困境，悲伤和哭泣只能加重伤痛，因此，不但不能悲观，而且要比其他人更积极。在冰天雪地历险的人都知道，凡是在途中说“我撑不下去了，让我躺下来喘口气”的同伴，很快就会死亡，因为当他不再走不再动时，他的体温就会迅速的降低，接着很快就会冻死。可不是吗？在人生的战场上，假如失去了跌倒以后再爬起来的勇气，那么就只能彻底的失败。

有一句名言是这样说的：“成功是指最终实现了目标，但并不意味着没有受到挫折。成功是赢得了一场战争，而不是赢得了每一次战斗。”面对这些名言，你是不是已经听到前进的号角在吹响。

永远不放弃是成事的保证

成功者与失败者并没有多大的区别，只不过是失败者走了九十九步，而成功者走了一百步。

永不放弃有两个原则，第一个原则是：永不放弃；第二个原则是当你想放弃时回头看第一个原则：永不放弃！永不放弃是一种力量。在人生的过程中，这种力量不仅体现在对事业的追求上，而且同样体现在对一种精神的追求上。在大多数情况下，这种追求甚至比知识的力量更强大。

失败只不过是暂时的挫折，是通往成功的一级阶梯。它会告诉你某些方法已经行不通了，而某些方法还没有试过，你还有机会获得成功。

在追求成功与开创事业时，几乎每个人都不可避免地要遇到失败。那么失败可怕吗？你害怕失败吗？

假如我们害怕失败，那么将一事无成。因为，失败的经历并非都是坏事，或许正如英国小说家、剧作家柯鲁德·史密斯所说：“对于我们来说，最大的荣幸就是每个人都失败过。而且，都能从跌倒的地方爬起来。”

美国大发明家爱迪生曾经说：“在困难面前，只有放弃的人才是真正的失败者。”

一般人们被困难击倒的主要原因之一，就是他们自己认为无法抵挡困难，会被困难打败。这就像拳击手上台后发现对手比自己高大强壮就吓晕了一样——你不是被对手击倒的，而是自己把自己打败了。因此，我们应该勇敢地向前冲，不去试你怎么知道会失败？就算失败了又能怎么样呢？

《世界上最伟大的推销员》作者奥格·曼狄诺说：无论我尝试了多少次，无论我在选定的事业中多么坚忍不拔、表现出色，无论我将付出多么大的代价，挫折与失败还会日复一日、年复一年地如影随形。我们每个人，即使是最刚毅、最具英雄气概的人，一生中的大部分时间都是在失败的恐惧中度过的。

其实，没有人天生就是赢家，他们成功的关键通常在于决定性的一刻：再回到原来的地方去。

玛格丽特·米契尔是世界著名作家，她的名著《乱世佳人》享誉世界。但是，这位写出旷世之作的女作家的创作生涯并非我们想像的那样平坦，相反，她的创作生涯可以说是坎坷曲折。玛格丽特·米契尔靠写作为生，没有其他任何收入，生活非常艰辛。最初，出版社根本不愿为她出版书稿，为此，她在很长一段时间里不得不为了生活而处心积虑。但是，玛格丽特·米契尔并没有退缩。她说："尽管那个时期我很苦闷，也曾想过放弃，但是，我时常对自己说：'为什么他们不出版我的作品呢？一定是我的作品不好，所以我一定要写出更好的作品。'"

经过多年的努力，《乱世佳人》问世了，玛格丽特·米契尔为此热泪盈眶。她在接受记者采访时说："在出版《乱世佳人》之前，我曾收到各个出版社一千多封退稿信。但是，我并不气馁。退稿信的意义不在于说我的作品无法出版，而是说明我的作品还不够好，这是叫我提高能力的信号。由此，我比以前任何时候都努力，终于写出了《乱世佳人》。"

个人心理学先驱艾尔费烈德·艾德勒说："你愈不把失败当作一回事，失败愈不能把你怎么样；只要能保持个人心态的平衡，成功的可能性就愈大。"这是个很有力的建议：连失败都有正面的价值，说不定它还是上帝给予我们的奖赏呢。

那些跌倒了能再站起来，掸掸身上的尘土再上场一拼的人，才会在事业上取得成功。

假如你真的具有敢去尝试的心态，你就一定可以成功。这项心态法则适用于各种失败场合。戴高乐曾经说过：“挫折，特别吸引坚强的人。因为他只有在拥抱挫折时，才会真正认识自己。”准确地说，要想寻找到自己净化能力的心态，是从尝试做事开始的。或者说，自己的强项是被摸索出来的。当你用积极的心态寻找成功时，你就会不断地努力，去寻找自己的强项。

或许你的失败是因为你要获得成功还需要更多的东西。欧几里德的原理说：“整体的东西等于所有各部分的总和，而大于任何一部分。”这个原理可用来说明我们的问题。重要的是，你该把所有必要的部分加到整体上去。

不敢正视失败，就等于迷失了航向。试想，每一种目的都是彼岸，而你在此岸。如隔一条小河，轻轻就会过去。如隔一条大江，就难以泅渡，假如缺乏横渡的工具，只好望江兴叹。因此，并不是所有的目的都会达到，这就需要正视失败而求经验，以求下次渡江的凭仗。人假如能正视失败，就会及时总结经验，从而保持上进心，就会开创一片新的天地，拥有美好的人生。

人们遇到挫折时，会采取各种各样的态度。综合起来，有两种不同的态度：一种是对挫折采取积极进取的态度即理智的态度，这时的挫折激励人追求成功；另一种是采取消极防范的办法即非理智的表现，这时的挫折使人放弃目标，甚至造成伤害。

无论对于谁来说，面对挫折时最应该做的就是挺住挫折给自己带来的打击，用坚持不懈的努力来开辟全新的道路。

习惯寻求别人的认同，等于放弃了自己

人从出生落地到离开人世，往往喜欢把个人的快乐、幸福和价值感建立在别人认可的基础上。好像别人说你行，你就觉得自己行；别人说你不行，你也就觉得自己不行。

应当承认，别人的评价对自己有一定的促进作用。在受到别人赞扬时，我们都会感到快乐，感到自己有价值。所以，我们每个人都希望听到赞扬，得到鼓励，博得掌声。这种精神享受确实有益于我们开发潜能、提高素质，有益于认识自我价值，树立自信意识。然而寻求赞许的心理如果不只是一种愿望，而成为一种必不可少的需要，去寻求自己虚拟的“光环”，这便落入了人生自恋型性格障碍的误区。

成功需要肯定自己，并坚持自己的立场。有意识地牺牲自己而帮助别人的人是一个高尚的人，但很多人却在无意识不自觉地牺牲自己而迎合别人，这些人是失去自我的人。

你是否因为别人表露出一种不以为然的态度就改变自己的立场？你是否因为别人不同意你的意见而感到消沉、忧虑？你是否处心积虑寻求别人的赞许，渴望得到别人的赏识，未能如愿时就情绪低落？

一旦寻求别人的认同、赏识和赞赏成为你的一种需要，并久而久之形成一种潜意识的习惯，要想做到保持自我并逐渐进步就很困难了。假如你

非要得到别人的夸奖不可，并常常向他人做出这种表示，那就没有人愿意坦诚相见了。有些人虽然会奉献出他们的赞美之辞，但其内心未必对你有什么好感。同样，你更容易无法明确地阐述自己在生活中的想法，你会为了迎合他人的观点与喜好而放弃你的观点，甚至牺牲自己的价值。

的确，应付受人斥责的局面很不容易，而采取为人所赞许的行为则容易得多。但假若为回避困难而选择后者，那就意味着你认为别人对你的看法比你的自我评价更为重要。这是一个在我们社会中难以避免的危险陷阱。

世俗和传统使人养成一种说话办事总是需要得到别人的认可和赞许的习惯。童年时代习惯于得到父母和老师的赞许，长大成人需要得到领导者的认可。假如自己的某个举动和主张得不到别人的认可和赞许，就会感觉到是出了问题，放心不下。于是你在无形之中就放弃了主宰自己、独立行事的权利，凡事都受别人的控制和摆布。

总之，一个人习惯于接受别人的摆布，就会经常被迫去说话，去做事。这样的生活当然很累，也很乏味。实际上，这样的人生只是终生劳役，不会有任何光彩和乐趣。试想，古今中外，世界上有哪一个有所作为、有所成就的人是这样生活的？拿职业选择来说，一个人应当争做自己感兴趣、有爱好的工作，因为个人的兴趣和爱好是最大的驱动力。曹雪芹是为了表达自己的生活感受而写作《红楼梦》，爱因斯坦是为了满足自己的好奇心才创立了相对论。这些人都不是为了服从别人的意志、寻求别人的赞许才去呕心沥血、孜孜以求的。假如不是独立自主、宠辱不惊，假如不是自我评定，曹雪芹、爱因斯坦、贝多芬、鲁迅这些伟大人物是不可能出现的。

希望得到别人的赞许，这是正常的心理需要，假如你必须得到别人的赞许，那就是将自己的价值交给他人去评定。一个人将自我价值置于别人的控制之下，这不是谦虚谨慎，而是缺乏独立自主的意识，由别人随意抬高或贬低自我价值。人家反对，你就灰心丧气；人家施舍给你赞许之词，你才会觉得自己不错。凡事如此，你还有什么价值？假如人家不说你好，你又该怎么办呢？

在现实生活中，我们不可能让每个人都满意。以清醒的头脑预计到会有不同意见，自己也会有缺点错误。不必期望人人都表示赞许，这样，我们就不会自寻烦恼，情绪消沉，也就不会因为别人对你某一点的否定而视为对自己整个人的否定了。林肯说得好：

“……假使要我读一遍针对我的各种指责——更不要说逐一做出相应的答辩，那我还不如辞职了事。我是根据自己的知识和能力尽力工作的，而且将始终不渝地这样工作。如果事实最后证明我是正确的，对我的反对意见将不攻自破；如果事实最后证明我是错的，那么即使有十个天使起誓说我是正确的，也将无济于事。”

这话说得多么实在而深刻。所谓独立行事、自我仲裁，也就是实事求是、光明磊落的做人处世的态度。

有人以为坚持独立自主，似乎很难得到别人的赞许，很难处好人际关系。这是一种错觉和误解，事实恰好相反。一个真正能够主宰自己的人只是不去为了迎合他人的观点与喜好而放弃自我价值、自我追求；只是在与人交往中不会为了博得他人的赞许而跟随他人的指挥棒转。

失去了自我，也就失去了平等自由的人际关系和生活方式。某些官僚、政客之所以不为人们所信任，就因为他们只是留声机、传声筒，而没有自己的灵魂。这种人往往是轴承脑袋弹簧腰、头上插着风向标，只会见风使舵，趋炎附势。这种人的自我价值完全取决于头上的乌纱帽，一旦失去职位，手中无权了，他就一无所有，一文不值了。

撕掉你的假面具，去做真的自己

有人问古希腊犬儒学派创始人安提司泰尼：“你从哲学中获得了什么呢？”

他回答说：“发现自己的能力。”

正是这种能力的获得，使人的思想和情感有了向高尚和纯粹境界提升的可能。

人缺乏发现自己的能力，也是缺乏对自己的审察、怀疑、反省、忏悔的能力，缺乏深入探究事物真相和本质的能力。人便会被自己蒙蔽，糊里糊涂地虚耗和损害自己的生命，甚至给别人、给社会带来伤害。

“不识庐山真面目，只缘身在其山中。”人是很难有自知之明的。如果既没有自知之明而又狂妄自大，就如一个人衣冠楚楚，彬彬有礼，一派绅士风度，却在屁股后面露出一根毛茸茸的尾巴，让大家忍不住发笑。其实，这类笑话是司空见惯的。

发现自己，就是发现另一个自己，发现假面具后面一个真实的自己，发现自己的局部、偏见、愚昧、冷漠、恐惧，发现自己的热情、灵感、勇气、创造力、想像力和独特个性。

事实上，一个人多多少少是分裂的，在分裂的各个自我之间进行平等、理性的对话，也是一个人的内省过程，也是一个人的悟性从晦暗到敞亮的过程。正如真理愈辩愈明，在各个自我之间的诉说、倾听、讨论乃至激烈的辩论中，人心深处的忍爱、智慧和正义感就可能浮出水面。

一生与孤独为伴的哲学之父、后精神分析大师克尔凯郭尔，更是善于发现自己的人。

他在世时，整个世界都不理解他，甚至敌视和厌弃他。他一方面向整个世界的虚伪和庸俗宣战，一方面回到自己内心，不厌其烦地同自己谈话。

他在短短的一生中写了1万多页日记，也就是说，他几乎天天在同自己谈话。然而，正是这个“真正的自修者”，这个与人类社会格格不入的“例外者”充满绝望和激情的自我倾诉，很多年后成为震撼人类精神的伟大启示。

伟大的诗人都善于发现自己。因为只有善于发现自己，这些诗才更具真实性，更有穿透事物的尖锐性。请看里尔克的作品是怎样写出来的：“不和任何人见面，除了对自己的内心说话之外，绝不开口——这的确是我立下的誓言。”

所谓“对自己的内心说话”，就是写诗，换一种说法，写诗就是诗人同自己谈话的一种方式。在同自己谈话的过程中，诗人把自己的生命冲突中体验到的种种图像精确地呈现出来，从而让我们看到了生存的心境、灵魂的锯齿、信念的雪痕以及万物的疼痛。

诗人的声音必然是可靠的、真实的，摒除了所有虚伪、怯懦、狂妄和矫揉造作。世界上最感人的作品往往是作者的内心独白。比如里尔克的《杜伊诺哀歌》，卡夫卡的《城堡》和《变形记》，普鲁斯特的《追忆逝水年华》……

以高姿态化解别人的嫉妒

有时，最好的知识就是全然不知或装作全然不知；因为我们必须和他人共同生存，而大多数人都不希望你比他们更优秀。很多时候，你真的应该：宁可与人共醉，不可独自清醒。

你也许可能遇到过下面的情况：

艰苦努力之后，你把精心拟就的工作方案呈报老板。他对你的工作成果大加赞赏，在大家面前“拍你的肩膀”，表示重视你的才能，在会议中上上下下也都一致赞许你的真知灼见。再如，你刚好成功地完成了一项任务，使公司大赚了一笔钱，各部门主管都对你另眼相看。这时的你必然是春风得意，难掩喜悦之色，大有世界都属于你的感觉，有点飘飘然了吧？但你兴奋忘形之际，也许正是你自埋炸弹之时。

这实在太危险了。叫别人嫉妒你，是很失败的事，它会使你不知不觉之间成为许多人的敌人。

同事之间嫉妒的产生都是因为以下的情况。例如：“他的条件又不见得比我好，可是却爬到我上面去了！”“他和我是同班同学，在校成绩又不比我好，可是竟然比我发达，比我有钱！”……换言之，假如你升官了、受到上司的肯定或奖赏、获得某种荣誉时，那么你就有可能被同事中的某一位或多位嫉妒。女人的嫉妒会表现在行为上，说些“哼，有什么了不起”，或是“还不是靠拍马屁爬上去”之类的话。但男人的嫉妒一般放在心里；放在心里也就算了，有的则开始跟你作对，表现出不合作的态度。

怎样才能避过这些人的敌意呢？

首先，请切记别乐昏了头脑，要处处表现得虚心、容易满足。总之，就是采取谦让的姿态。即使当你像坐直升机一样，势力一天比一天大之时，请仍然保持与旧同事的关系，抽时间与他们在一起聚聚。谈话时更不能自己翻那些成功史，即使别人阿谀一番，也当是耳边风好了，或者索性说：“那绝非我的功劳，老板对我也是太好了。”或：“多谢你的夸奖了，其实我要更加努力，才能胜任此职。”

为了达到某些目的，不少人勤于制造高帽，往“目标物”头上送。你的职权日大，成为“目标物”乃是自然事。

对有心者而言，他们就会有“果真如此”的想法；无心者呢，也可能产生“原来如此”的看法。总之，让人看穿了心事，百害而无一利。因此，凡事应该有所保留，婉转地多谢对方的褒奖：“谢谢你的欣赏和鼓励，我可受之有愧！”但万勿自满。

最佳的办法，是全数承受对方的夸奖，却将功劳归于整个部门：“多谢夸奖！这个计划得以顺利完成，也正是我们部门各位同事通力合作的成果，值得庆祝！”

热忱待人，又富幽默感的你，深得他人的爱戴，对你尊重有加。可是，一旦到了“盲目”热情的地步，就会带来隐忧。人人对你热情有加，相比之下，必然冷落其他人。受到冷淡对待，滋味一定不好受，追根究底，多少会迁怒于你。也许，在私下里，他们已经不约而同地对你有攻击之意，这就大大不妙，因为这样在工作上会造成颇多阻力。更不利的是，连上司也瞧你不顺眼，大概是怕你深得人心，将他比了下去，对他造成威胁。这样，你以为上司还会器重你，对你委以重任？

因此，当你一朝得意时，你应该注意两件事：同单位之中有无比你资深、条件比你好的人落在你后面？因为这些人最有可能对你产生嫉妒；观察同事们对你的“得意”在情绪上产生的变化，以便得知谁有可能嫉妒。一般来说，心里有了嫉妒的人，在言行上都会有些异常，不可能掩饰得毫无痕迹，只要稍微用心，这种“异常”很容易发现。而在注意这两件事的同时，你也要做这些事情：

不要凸显你的得意，以免刺激他人，或是激起本来不嫉妒你的人的嫉妒，你若洋洋得意，那么你的欢欣必然换来苦果。做出让步的姿态，对人更有礼、更客气，千万不可有倨傲的态度，这样就可降低别人对你的嫉妒，因为你的高姿态使某些人在自尊方面获得了满足。在适当的时候适当地显露你无伤大雅的短处，例如不善于唱歌等等，好让嫉妒你的人的心中有“毕竟他也不是十全十美”的幸灾乐祸的满足。

遭人嫉妒绝对不是好事，因此必须以高姿态来化解。而话又说回来，嫉妒别人也不是好事，如果你有了嫉妒之心，又无法加以消除，那么千万不要让它转变成破坏的力量，因为这种力量会伤人也会伤己，而且嫉妒也会阻碍你的进步。因此，与其嫉妒，不如想办法追上对方，甚至超越对方。

要懂得欣赏和赞美别人

一家成功的保险公司经理在谈到成功的秘诀时说："很重要的一条是：我们欣赏和赞美我们的代理人。"

欣赏和赞美能给人以信心，能让对方充满自信地面对生活。爱情之所以能有如此巨大的魔力，就是因为两个人互相欣赏对方，欣赏对方的优点，甚至欣赏对方的缺点。在爱人眼里，对方是世界上最完美的。一个人被人认为是世界上最完美的，可以想像他是何等的兴奋，所以心中有爱情的人对待生活总是积极、乐观的，充满自信的。

很多大企业家表示，他们在提升一个男性之前，喜欢了解有关这个人妻子的情况，他们感兴趣的当然不是她的长相、她的贤惠，而主要在于她是否对丈夫有一种信任感。假如一个妻子认可其丈夫并给他一种感觉：她和丈夫在一起是愉快的，那么，每当丈夫回家时，他就能在她的臂膀中得到一种自信和激励；第二天，他就能充满自信地面对生活。

在一次大型的演讲会场，一位知名的社会学家和心理学家这样演讲道：

"如果现在有一位长得国色天香的美女来到我们的面前，任何一个人拿着一只500倍的放大镜来观看这位美女的脸庞，一定都非常失望。因为我们所看到的将是坑坑洼洼，凹凸不平的一张难看的脸。但现在我们每个人如果拿一只望远镜来看远处的一座高山，我们看到的将是青山绿水，绿荫葱葱，仿佛人间仙境，令人流连忘返。

在人际关系中，有人总是拿着放大镜看别人，令对方原形毕露，显得一无是处，也使得自己无法信任他人，交到朋友。相对的，有的人是拿着望远镜，始终都能欣赏到别人的美好一面。但这不等于说，放大镜就没有用了，放大镜的焦点应对准自己，而非别人。假如能虚心地请求他人，对自己提出最严厉的批评，这样放大镜和望远镜都能同时发挥最大的效用。

我们常说："严于律己，宽以待人。"的确，一个人，只有懂得怎样欣赏和赞美别人，才不会被被人冷落，才能够有足够多的朋友和尽可能少的敌人。

欣赏和赞美能使对方感到满足，使对方兴奋，而且会有一种做得更好以讨对方欢心的心理。假如一名员工得到经理的欣赏，他肯定会尽力表现得更好，而假如是一个小孩得到别人的欣赏，那他的表现会令人大吃一惊。

有一个小孩总因喜欢在家具上刻画而遭惩罚，心理学家为他买来雕刻工具，并且教他如何使用，如何设计，还赞赏他："你雕刻的东西比我所认识的任何一个人雕得都好。"一天，小孩使家里人大吃一惊：没任何人要求他，他把自己房间打扫一新。当问他为什么这样做时，他的回答是："我想你们会喜欢的。"

欣赏和赞美别人也得懂得一些技巧。首先要尽量去赞美别人一些他自己不很自信或不被众人所知的优点，假如一个国家级运动员和你第一次见面，你表示欣赏他的运动成绩，除了让他一笑以外，不会产生什么特别的感觉，而假如你表示欣赏他的风度和气质，他会十分高兴。

欣赏和赞美别人也不能无中生有，对方根本没有的优点甚至是缺点，而你还大加赞赏，他会怀疑你是否在讽刺他，要么会认为你这人是个善于说假话、奉承拍马的人。

另外，单独对待每个人总能让人有种被欣赏的感觉。当你到朋友家做客，朋友向你介绍了他的三个孩子后，你不是点头微笑而是走过去一一握手并问好，他们马上会对你产生好感。

“水至清则无鱼，人至察则无徒。”水太清了就养不活鱼，同样，对人过于苛求就不会有朋友。假如能以欣赏和赞美的眼光来看待身边的每一个人，那么人们会因受人尊重而备感振奋。否则，一味挑剔别人的毛病，认为他们这也不行，那也不好，必然引起别人的反感，人际交往也必然会陷入困境。

第八章

不操劳自己：活得别太累

“生活真是太累了！”经常听到一些人喊出这句话。实际上，生活本身并不累，它只是按照自然规律、按照它本身的规律在运转。的确，生活的涵盖量是太大了。生活在这个世界上，你要为衣、食、住、行去奔忙，要去应付各种各样的事，要去与各种各样的人相处。可谁又能保证你所接触的事都是好事，你所遇到的人都是谦谦君子呢？因此，生活中必然要有这样或那样的事，有喜就会有悲，有幸运之事就会有不幸的降临。人也是如此，有君子就有小人，有高尚之士就有卑鄙之徒。事物都是相对而生的，否则生活又怎么能称之为生活呢？只有各种各样的事、各种各样的人糅合在一起，才能构成色彩斑斓的世界，也只有这样的生活才是简单的，有滋味的。

平静地对待被别人冷落的日子

尽管每个人都尝到过被人冷落的滋味，但人们面对“冷落”所采取的态度却不尽相同。有的人遇“冷”不冷，逢“落”不落，仍然表现出了一种泰然处之、豁达坦荡的超然境界，其结果不仅使自己渡过难关，走向“热烈”，而且逆境成才，留下了更加辉煌的人生篇章。有的人却不尽然，面对“冷落”，便变得消沉起来，一蹶不振，最终使自己陷入自我封闭、孤独寂寞的困境而难以自拔。

怎样才能走出被人冷落的误区呢？

1.接受冷落。面对被人冷落的现象，应当首先承认它的存在，允许它的发生。这是因为，人生本来就是一个万花筒，红橙黄绿青蓝紫，喜怒哀乐，酸甜苦辣，温凉冷热，可谓应有尽有，五彩缤纷。

实际上，每一个生活在社会中的人，或多或少，或轻或重，都会遇到“冷落”，不管你是自觉的还是不自觉的，情愿的还是不情愿的，谁也休想与它绝缘。“冷落”作为一种客观存在的社会现象，无论如何也不应当采取回避的态度。

由此，面对冷落，应当采取承认的态度，就是说要有接受冷落的心理准备。当然，承认冷落的存在，并非是承认它存在的合理性，而是承认它存在的客观性。承认了此种矛盾存在的客观性，也就承认了解决此种矛盾方法的必然性。惟其如此，才会直面冷落，既不回避，也不惧怕。

2.敢于表现。人们在受到冷落后，通常在生活上感到失意，在心理上产生退却。对于一个强者来说，愈是受到冷落的重压，愈是应当富有自我表现的阳刚之气。这样的勇气，不仅可以吹散来自外界对自己冷落，也最易于拨开自己被人冷落所带来的心头迷雾。

比如，举办卡拉OK比赛，你敢不敢直步登上台去，高歌一曲；周末舞会，你敢不敢跃入舞池，投入地一次跳个够；演讲会上，你敢不敢面对众人，字正腔圆，慷慨激昂去陈词一番；运动场上，尽管你体育技能平平，但还是要去奋力地拼搏一番，即使一时上不了场，当个观众也无妨，你敢领头儿尝一尝拉拉队长的滋味吗……无论是胜败输赢，你都会从中感到过剩能量得到释放的一种轻松和欢娱。人生有“冷”也有“热”。要通过自我的表现去发现生活中的欢歌笑语，同时要去主动地排“冷”取“热”，甚至化“冷”为“热”。

当然，在自我表现的过程中，你还应当切忌自我标榜，故弄玄虚。这样做，不仅难以排除外界的冷落，还会由此带来更多的冷落。自我表现，不仅应当有勇气，更重要的是要提高自己的素质，增强自己的实力。有了真才实学再加上自己的勇气，那你就会在生活的舞台上表现得潇洒自如，发挥得淋漓尽致。此时，你面前的冷落，便会一扫而光，迎来的将是张张笑脸，满园春色。

3.平息抱怨。大凡经历过冷落的人，大都有这样的感觉，抱怨冷落的结果只会在客观上助长受冷落压力的程度。与其过多地自我抱怨，倒不如从主观认识上找原因，以新的姿态重新扬起风帆，战胜冷落。

你不妨自己提出这样的疑问：为什么别人没有受到冷落，却偏偏冷落了自己；为什么此时无冷落，彼处遇冷落。想来想去，你便会觉得，原来别人对自己的冷落也与自己有关联。如果受到来自顶头上司的冷落，你或许会想到他的偏见、不公正等，但同时是否还应该想到，你的工作态度差、表现得不好，才是上司之所以冷落你的真正原因；如果受到同事的冷落，你或许会想到他的性格孤僻、心胸窄小、无端嫉妒等，但是否还应该想一想，是你的傲慢、无礼、清高，才使他人对你进行冷落有了可能的条件；如果受到妻子的冷落，你或许会想到，妻子不温顺、不贤惠、不会料理家务、不会热情待客等，但是否还应想到，你的大丈夫习气，动辄吹胡子瞪眼睛的德性，难道妻子还不该冷落你几次。与其抱怨他人，倒不如利用这个间隙来反省一下自己，这岂不是一件很好的事情！

4.学会丧失。冷落，会使你隐隐感到自己心灵上的某种丧失。这并不可怕，问题的关键在于你能否正确地对待丧失，能否科学地把握丧失，能否学会从丧失中奋起。

丧失即失去。在朱迪丝·维尔斯特的力作《必要的丧失》中，她指出，丧失是不可避免的。我们从脱离母体直到死亡，在这整个成长过程之中，丧失始终伴随着我们。它是“一种终生的人类状况”。理解人生的核心就是理解我们该怎样对待丧失。“丧失是我们为生活付出的代价”，但如果我们学会了放弃完美的友谊、婚姻、孩子和家庭生活的幻想，放弃对绝对庇护和绝对安全的幻想，那么我们将在这种放弃——必要的丧失中苏醒。朱迪丝还告诉我们，丧失是成长的开始，追求完美与恐惧丧失则是幼稚的，我们人生的路途由丧失铺筑而成。

有的人往往把复杂的社会、复杂的人生理想化了，他们接受收获通常比接受丧失更容易做到。实际上，只要你稍加留心，便会从生活中经常发现这样的画面：他是我的好朋友，同时又是别人的好朋友；上司对我十分器重，同时对另一个人也很器重。想到此，或许你就会认识到，放弃各种各样不切实际的期待，对于消除冷落的困惑，是多么的重要！

冷落虽然使你暂时少了一些来自外界的热情，少了很多朋友，但往往能进一步激发你对热情的珍视，对朋友的偏爱。此时此刻，你将会用自己的热情去温暖对方那颗冷落的心，你将不会再用消极的眼光去对待朋友一时的偏颇。

5.主动感化。有的人在处理人与人之间的关系上，总是你对我好，我就对你好；你看不上我，我也不买你的账。这至少是一种不够大度的姿态。当然，人与人之间的交流是双向的，但一个成熟的人，恐怕会想得更多，想得更细，甚至会做一些必要的让步与牺牲。

面对冷落你的人，早上初见面时，可不可以主动上前去问候一声：早上好；周末之余，节假日里，你可不可以主动邀请对方去参加一个舞会，或者就近做一次简单的短途旅行；当对方搬迁新居时，你可不可以主动去当个帮手，等等。假如你能这样去想、去做，是完全有可能改变对方态度的。精诚所至，金石为开。看上去似乎你显得“矮”了一些，但在他人的心目中，你是高尚的、伟大的，值得信赖的。人与人之间的交往本来就是这样：你想得到他人的尊重，自己先要尊重他人；你想得到他人的热情，自己先要热情待人；你想得到他人的理解，自己先要理解他人。只有这样，你才会最终减少他人的冷落。

可以平凡，不能平庸

机遇对每个人都是平等的，就看你是否去寻找，在平凡的事情中做出不平凡的成绩来。一切不平凡的业绩都出于平凡，把每件平凡的事情都做得很好，就是不平凡。

埋下头去做一个平凡的人，努力从平凡的小事做起。只有牢牢地把握住了今天，才能迎来明天的成就。生命可以没有灿烂，但不能失去的是平凡。假如没有自己的头脑和判断，没有自己的计划和目标，逃避我们应该负起的责任，那么我们终将沦为平庸。

的确，人本身就平凡，而真正不平凡的是他们高尚的道德认知与行为表现。他们的平凡就表现在虽然没有做出什么惊天地泣鬼神的轰轰烈烈的大事，却能以脚踏实地的干事作风，朴实善良的心灵来面对自己的职业，面对自己的责任，面对自己的人生。

平凡和平庸的区别之处在于：平凡的人把平凡的工作做成伟大，平庸的人使崇高的工作变得卑下。

“神舟六号”飞船的胜利升空，实现了中国人千百年来的飞天梦想。费俊龙、聂海胜两位航天员的太空探索，更是将中国人的希冀永恒地刻在了神奇的太空，他们是当之无愧的英雄，无数的鲜花和掌声送给了他们。

当人们把关注的目光投向两位英雄的时候，并没有忽略在英雄背后默默奉献的人，那些平凡的、在自己的工作岗位上默默耕耘的人。可以说，没有他们的工作就没有“神六”飞天的成功！在英雄的背后，直接参与载人航天工程研制工作的单位有110多个，配合参与这项工程的单位则多达3000多个，涉及到数十万科研工作者。

“神六”在太空旅行的日子里，在全国的指挥中心、发射基地和各个测控站里，有近10万人彻夜不眠，为其护航。

“神六”发射那天，运载“神六”到发射基地的铁路沿线上至少有数百名警卫战士时刻守护。在发射前，这些战士将这条铁路的每1毫米都探测过。他们每人平均步行7200公里，相当于从海南的天涯海角走到黑龙江的漠河，再走到天安门。

他们没有因自己的工作平凡而放弃，不因没有出人头地的机会而抱怨。正是这些平凡的人托起了“神六”的飞天，10万个平凡加在一起就成了伟大！

“神六”上天后，一些精明的商家瞅准飞船上天的商机，打起了航天英雄费俊龙家老人的主意：送彩电、送保健品，直至送别墅。对此，费家老人表示，他们对有费俊龙这样一个儿子很自豪，也很知足，但绝不想因此“沾光”，请商家不要借机炒作，他们只想过普通人的生活。

飞船上天后的第3天，当地一家房地产公司找上门来，表示要送给费俊龙一栋坐落在阳澄湖的别墅，问身份证号码，直接办房产证。

“有费俊龙的身份证吗？”“没有！”“记得他身份证号码么？”“我们都不清楚！”“别墅是送给费俊龙的，你们不要担心。”

“不能收！不能收！”费俊龙的双亲同声坚辞，“我们收了，俊龙会不高兴的，他在家，也不会收。”

在昆山巴城，拥有一栋在阳澄湖畔的别墅，是很多人的梦想。一套300多平方米的别墅价值100多万元。而费家的老宅建于1986年，一座农家二层小楼，家里空荡荡的，没什么像样的家具，居住条件在富裕的巴城算是差的。

但费家二老偏不领这个情。费俊龙的父亲费长宝说，房子虽然旧了，但够住就行，很安逸，住惯了，不想搬。费俊龙上天之前就再三叮嘱家里，不要大张旗鼓，不要宣扬。出了名还要守得住本分，不应得的东西我们不拿。

费家人知道，保持平常是对费俊龙最好的宽慰。

在网络上曾流行的一则新办公室守则，估计也是一位愤世嫉俗的上班族写的，全文如下：

苦干实干，做给天看；东混西混，一帆风顺。

任劳任怨，永难如愿；会捧会献，杰出贡献。

负责尽职，必遭指难；推托栽赃，宏图大展。

全力以赴，升迁耽误；会钻会溜，考绩特优。

频频建功，打入冷宫；互踢皮球，前途加油。

奉公守法，做牛做马；逢迎拍马，升官发达。

这种说法与航天员相比，与他们的家人相比，与那些为航天事业做着默默贡献的平凡人相比是何其的平庸。这或许让不少为平庸而找借口的人感到很爽，但是，任何事情都是做出来的。所有的成功，都是从基层做起的，假如抱着这种心态去工作，永远无法取得成功。

无论你目前正从事什么事业，都要将它视为你毕生的事业来对待。不要以为“事业”都是伟大的、让人津津乐道的壮举。正确的认识自己平凡的工作就是成就辉煌的开始，也是你成为出色人士最起码的要求。

假如将一个人比喻为一台发动机的话，那么你的智商、天赋及知识只是这台发动机的额定功率，是你可以达到的功率，但能不能实际发挥出这个功率，你的输出功率有多大，却取决于你的热忱、你的投入度、你的行动力。只有焕发出你全部的热忱，全身心地投入，你才有可能将你所具备的额定功率全部转化为有效的输出功率，甚至激发出你无限的潜能，使输出功率超越你的额定功率。

全身心地投入到工作中，视平凡的工作为毕生的事业，充分焕发热情，你就会感受人生充满热忱时的喜悦，由此你也会享受到人生中梦想成真的浪漫。

别让自己活得太累

在生活中，面对着各种各样不合自己心意的事，与各种各样与自己性格不同的人相处，你会采取什么样的态度呢？是态度坦然、襟怀磊落，轻松地对待生活，还是谨小慎微，抬头怕顶破天，走路怕踩到蚂蚁呢？值得告诉大家的是，不要让自己长期生活在紧张、压抑之中，不要让自己的琴弦绷得太紧，也就是别活得那么累。必要时，放松一下自己，轻轻松松地活着。

生活毕竟是公平的，对谁都是一样，没有绝对的幸运儿，更没有彻底的倒霉鬼。你有这样的不幸，他还有那样的烦心事；他有那样的好机会，你还会有这样的好运气。因此，千万别把自己说得那么悲惨，更不要把自己缠绕进自己织的网中，挣扎不出来。

感觉生活太累的人一般都是一些胆小怕事者。每说一句话都要考虑他人会怎么看待自己，会不会因这一句话而伤害某人；每做一件事都要瞻前顾后，生怕因为自己的举动而给自己带来不利的影响。工作中对领导、同事小心翼翼，生活中对朋友、邻居万分小心，那真是连个臭虫都不敢打死的“谨慎”之人。其实，你的周围有那么多人，而每个人的脾气都不一样，你不可能做到使每个人都满意。即使你这样谨小慎微，还是有人对你有成见。而自己又感觉那么累那么压抑，这是何苦呢？只要不违背常情，不失自己的良心，那么，挺起胸膛来做人，效果恐怕比处处谨慎更好。

感觉活得太累的人往往不能很好地调整自己，每遇不幸之事发生时，不能辩证、乐观地去看待，并且容易对生活产生悲观想法，似乎世界末日就要来临了。哪怕是看电视时看到日本发生了地震，死了很多人，他也会紧张得要命，夜里不得安睡，总是疑心地球要爆炸了，说不定哪天自己就上西天了。你说，这不是杞人忧天吗？

假如长此以往，总是生活在心情沉重、感情压抑之中，那将是十分可怕可悲的事。处处都要考虑得失，时时都在注意不必要的小节，你还有更多的时间去干大事，去成就你的大事业吗？回答当然是否定的。由于你连很小的一件事都要左思右虑，时间就在你的犹豫中溜走了。或许，当你老了的时候，你回过头来会发现自己是那么渺小，两手空空，一事无成，到那时，你也只有空悲切了。

时刻感觉生活太累的人，必然看不到生活中的光明的一面，更感觉不到生活的乐趣。因为他的时间统统用来盯住自己周围狭小的一点空间，而无暇顾及他事。同时，他的生活是十分被动的，由于他不愿主动去做什么，生怕天上飞鸟的羽毛砸了自己。这样的生活不会是幸福的，更没有快乐可言，这样的生活是沉重的。

活得累的人很少有幽默感，因为他不敢造次地去嘲讽或善意地笑一笑，更不会去放松一下自己，惟恐他人认为自己对生活不严肃。活得累的人就像身上穿着一件厚重的铠甲，既不能活动自如，又不能脱去它，因为它太沉了，压在身上如重千斤。活得累的人就像永远戴着一副面具，这副面容在人前谨小慎微，在人后愁眉苦脸。真是太累人了，让人喘不过气来。

既然活得累是件很痛苦的事，既然生命对我们来说又是那么宝贵、那么短暂，那么我们何不换一种活法，活得轻松、幽默一点，努力去感受生活中的阳光，把阴影抛在后头。即使工作任务很重，也要抽出一点时间来放松一下自己，那样会对你的工作更有益处。

美国富翁柯克，在他51岁那年，他把财产全部用完了，他只得又去经营、去赚钱。没多久，他果然又赚了很多钱。因此，他的朋友很奇怪，问他："你的运气为什么总是这样好呢？"柯克回答说："这不是我的幸运，乃是我的秘诀。"朋友急切地问："你的秘诀可以说出来让大家听听吗？"柯克笑了，说："当然可以，其实也是人人可以做到的事情。我是一个快乐主义者，无论对于什么事情，我从来不抱悲观态度；就是人们对我讥笑、恼怒，我也从不变更我的主意。并且，我还使人快乐，这样我总是会获得成功了。我相信，一个人如果常向着光明和快乐的一面看，一定可以获得成功的。"

是的，乐观、豁达可以使人信心百倍，即使是天大的困难，也能够克服。

"修身养性"的根本目的，是要确立自信。

试想，假如说"健康"，则多少使人有点不安之感，即还会包含有"不尽如意"的因素；假如说"有钱"，则给人以铜臭之感，亦即使人有贪欲、金钱至上之嫌；但是，假如说"最棒"，就全然没有其他负面意思，表现得极其完全和准确。

人本来应该是个"欢乐的表现体"，因此，要时时、处处保持"最棒"的良好状态。首先，从内心深处保持欢乐的最佳状况，这是至关重要的。人生几十年，甚至一百年，说起来很长，但其实过起来也很快。与整个历史长河相比，那就更是转眼即逝的短暂的一瞬。所以，要注意忘却不快，更不能自寻烦恼，自己让自己"活得累"。

既要拿得起，还要放得下

歌德说：“一个人不能永远做一个英雄或胜者，但一个人能够永远做一个人。”这里，“做一个英雄或胜者”，指的便是“拿得起”时的状态；而“做一个人”，便是“放得下”时的状态。一个人若是能活出这种状态，便可谓一个潇洒的人。

放下是一种美丽，学会放弃是一种智慧，人生路上，只要你懂得追求，学会放下，明了拿与放的关系，尤其是在面临人生转折的关键时刻举重若轻，拿得起、放得下，那么你将会拥有美丽幸福的人生。

传统价值观告诉我们，任何时候都不要放弃，坚持就是胜利。这没错，但有个前提，那就是我们所坚持的值得我们坚持，而不是什么事情都得坚持。

该坚持的要坚持，该放弃的要放弃。人生就是一场选择，选择的对与错会决定你的人生成败。很多时候我们要学会重新选择，尽管目前在做的事对我们来说也很重要，但我们仍然要放弃，放弃也是一种选择。

坚持就是胜利。这似乎已成为亘古不变的至理名言。没错，但坚持就是胜利的前提是，你所坚持的方向是正确的，你所走的道路是适合你的，否则，不但不会胜利，反而会离目标越来越远。

有一位美国青年无意间发现了一份能将清水变汽油的广告。

这位美国青年喜欢搞研究，满脑子里都是稀奇古怪的想法，他渴望有一天成为举世瞩目的发明家，全世界的人都享用他的发明创造。因此，当他看到水变汽油的广告时，马上买来了资料，把自己关在屋子里，不接待串门的客人，电话线掐断，手机关机，总之一切与外界的联系都被他切断了。他需要绝对的安静，需要绝对的专心，直到这项伟大的发明成功。

青年夜以继日地搞研究，达到了废寝忘食的程度。每次吃饭时，都是母亲从门缝里把饭塞进来，他不准母亲进来打扰他。他经常两顿饭合成一顿吃，大部分时间都把黑夜当作黎明。善良的母亲看见自己的儿子越来越瘦，终于忍不住了，趁儿子上厕所时，溜进他的卧室，看了他的研究资料。母亲还以为儿子的研究有多伟大，原来是研究水如何变成汽油，这简直是不可能的事。

母亲不想眼睁睁地看着儿子陷入荒唐的泥淖无法自拔，于是劝儿子说："你要做的事情根本不符合自然规律，别再瞎忙了。"可这位青年压根就不听，他头一昂，回答说："只要坚持下去，我相信总会成功的。"

五年过去了，十年过去了，二十年过去了……转眼间，那位青年已白发苍苍，父母死了，没有工作，他只能靠政府的救济勉强度日。可是他的内心却很充实，屡败屡战，屡战屡败。

一天，多年不见的好友来看他，无意间看到了他的研究计划，惊愕地说："原来是你！几十年前，我因为无聊贴了一份水变汽油的假广告。之后有人向我邮购所谓的资料，原来那个人就是你！"

青年听完这一番话，立刻疯了，最后住进了精神病院。

因为有太多坚持到底的故事，所以我们一直以为坚持就是好的，而放弃就是消极的思想。其实坚持代表一种顽强的毅力，它就像不断给汽车提供前进动力的发动机。但是，在前进的同时还需要一定的技巧，有时假如方向不对，则只会越走越远，这时，只有先放弃，等找准方向再重新努力才是明智之举。

坚持需要勇气，然而，放弃需要更大的勇气，当我们发现自己走错路时，就应该果断地放弃。可是很多人往往没有这种勇气，他们会说，已经走到这一步了，已经无法回头了，已经没有选择了，只能够这样走下去了；或者说，这是老天爷要自己这样做的，这是命中注定的。什么“无法回头”，什么“命中注定”，其实都是为自己缺乏勇气直面现实而找的借口，是害怕自己放弃不但改变不了困境，反而会陷入更大的困境。有这样的担忧是可以理解的，但你更要明白，你已经在困境里面了，假如你不出来你就永远在困境里面，而一旦你迈出了第一步，你就会多一个选择，这总比只有一个选择要好吧。说到底，还是观念问题，是因为没有从习惯性思维当中摆脱出来。

其实，每天发生在我们生活中的许多悲剧，往往就是由无法放下自己手中已拥有的“东西”所酿成的：有些人不能放下金钱，有些人不能放下爱情，有些人不能放下名利，有些人则是不能放下不应该执著的执著。

然而，假如你能够领悟“放下”的道理，你将会有一种如释重负的感觉。因为只有懂得放下，才能掌握当下。更何况，人生在世，假如不能把一些不是很必要的东西放下，你的“人生行囊”将很快就没有空间去搁置你真正需要的东西。

一个人拿得起是一种勇气，放得下是一种度量。对于人生道路上的鲜花与掌声，有处世经验的人大都能等闲视之，屡经风雨的人更有自知之明。但对于坎坷与泥泞，能以平常心视之，就非易事。大的挫折与大的灾难，能不为之所动，能坦然承受，这就是一种度量。佛家以大肚能容天下之事为乐事，这便是一种极高的境界。既来之，则安之，这是一种超脱，但这种超脱又需要多年磨炼才能养成。拿得起，实为可贵；放得下，才是做人的真谛。

有些自以聪明的人往往会暗自庆幸自己拿了多少。其实，他们才是最糊涂的。拿得越多，说明放不下的也越多，那么，背负的也就越多，活的也就越累。

勇于放弃

人生中有时我们拥有的内容太多、太乱，我们的心思太复杂，我们的负荷太沉重，我们的烦恼太无绪，诱惑我们的事物太杂乱，大大地妨碍我们，无形而深刻地损害我们的利益。

我们的人生要有所获得，就不能让诱惑自己的东西太多，心灵里累积的烦恼太乱麻，努力的方向过于分叉。我们要简化自己的人生，我们要常常有所放弃，要学习经常否定自己，把自己的生活中和内心里的一些东西断然放弃掉。

假如我们永远凭着过去生活的惯性，日常世故的经验，固守已经获得的功名利禄，想要获取所有的权钱职位，什么风头利益都要去争，什么样的生活方式都让我们眼花缭乱，什么朋友熟人都不愿得罪，这样我们会疲于应付，把很多时间和精力都花在无谓的纷争、无穷的耗费上。不仅自己的正常发展受到限制，甚至迷失自己真正应该前行的方向。

在人生的一些关口，我们的生命中会长出一些杂草，侵蚀我们美丽人生的花园，破坏我们幸福家园的麦地。我们要学会铲除和放弃这些杂草。放弃不适合自己的职业，放弃异化扭曲自己的职位，放弃暴露你弱点缺陷的环境和工作，放弃实权虚名，放弃人事的纷争，放弃变了味的友谊，放弃失败的恋爱，放弃破裂的婚姻，放弃没有意义的交际应酬，放弃坏的情绪，放弃偏见恶习，放弃不必要的忙碌压力。

放弃我们人生土地和花园里的这些杂草害虫，我们才有机会，同真正有益于自己的人和事亲近，才会获得适合自己的东西。我们才能在人生的土地上播下良种，致力于有价值的耕种，最终收获丰硕的粮食，在人生的花园中采摘到鲜丽的花朵。

放弃得当，是对围剿自己藩篱的一次突围，是对消耗你精力的人事的有力回击，是对浪费你生命的敌人的扫射，是你在更大范围去发展生存的前提。

放弃得当，是对捆绑自己的背包的一次清理，丢掉那些不值得你带走的包袱，拿走拖累你的行李物件，你才可以轻松地走自己的路，人生的旅行才会更加愉快，你方才可以登得高行得远，看到更美更多的人生风景。

放弃那些不适合自己去充当的社会角色，放弃束缚你的世故人情，放弃伪装你的功名利禄，放弃徒有虚名的奉承夸奖，放弃各种蒙住你的眼睛的遮羞布，你才能够腾出手来，用足够的精力与智慧去赢取你真正应拥有的东西，努力做好自己应该做的事，自由自在地发掘自己的潜力，主题明确地直奔自己应该追求的目标，坚定不移地走自己的路，充分实现自己的人生价值。

假如我们不及时地将损害我们的杂草和肿瘤放弃，不及时地将它们从我们的生活中扫除，从心灵里清理出去，它们就会妨碍我们本应快乐拥有的一切，绊住我们前进的脚步，蒙住我们判断是非的眼睛，腐蚀我们的生存，占据我们宝贵的人生空间，榨干我们生命土地里的水分和营养，打破我们的发展次序，给人生添乱、添烦。

生命对于我们每一个人来说仅有一次，我们不能让太多无关的人事功名来消耗我们的光阴和智慧；也不可能去成就你的事业，做到名利双收事事如意；更不能与那些消耗我们的人事，来个持久战，让它们给我们不断地带来麻烦和损失。我们要用放弃来保护自己，来成就自己，来砥砺自己。

放弃，需要背水一战的勇气与魄力，放弃是痛苦的、是疼痛的、是难舍的、是悲凉的，需要心灵太多的挣扎、犹豫和勇气，放弃意味着永远的丧失和缺憾，甚至有时需要我们重整旗鼓，从头来过。

放弃，需要智慧和远见。放弃，有时使我们难以割舍得心疼、心碎。放弃钻营权力与沽名钓誉，你将布衣终身；放弃金钱职位，你再也没有了特殊和享乐的机会；放弃社交和朋友，你要承受孤独和寂寞；放弃失败的恋爱婚姻，你要独自飘零单飞。放弃，特别需要你调动自己的智慧与勇气，进行周密无悔的判断，下定一往无前的决心，然后破釜沉舟，果敢行事。

生活，要求我们学会争取，也要求我们学会放弃。假如你感到太苦太累太烦太忙太杂，假如你有太多的心事与苦恼，假如你失去了表现自我的机会，假如你没有得到真爱真情，假如你的生活被众多的迷雾遮住了眼，请尝试放弃一些包袱与拖累。

及时放弃，放弃得当，勇于放弃。明天，你的太阳会在明朗的天空蓬勃火红地升起；明天，你的人生花园，有了赏心悦目的清理规划；明天，你的家园的土地，会有一片清静和平、旺盛生长的新气象。

不要活在别人的评论中

“走自己的路，让人们去说吧！”我们对但丁的这句名言并不陌生。可是，我们在生活中是否信奉它，实践它呢？

别人对你的评价总是有水分的，有的人总是挑好的说。假如以此为据，你可能高估自己，自我感觉良好。因此，可能轻视他人，忽视一切，自以为是。也有人可能专挑坏的讲，故意贬低你，这样你可能低估自己，自卑消极。因此，在听取他人的评论之前，首先要有一个正确的自我评价，并以此为基准。

另外，他人看到的可能只是你的表面或一个方面，真正全面、清楚了解自己的还是自己。只有天生没有主见的人才会整天打听他人的评价。虽然有时候可能会出现“当局者迷，旁观者清”的情况，但大多数情况下旁观者的意见只能作为参考。

美国职业足球教练文斯·伦巴迪当年曾被人批评为“对足球只懂皮毛，缺乏斗志”的人。

贝多芬学拉小提琴时，技术并不高明，他宁可拉他自己作的曲子，也不肯做技巧上的改善，他的老师说他绝不是个当作曲家的料。

爱因斯坦4岁才会说话，7岁才会认字。老师给他的评语是：“反应迟钝，不合群，满脑袋不切实际的幻想。”他曾遭到退学的命运。

罗丹的父亲曾怨自己有个白痴的儿子，在众人眼中，他曾是个前途无“亮”的学生；艺术学院考了三次还考不进去。他的叔叔曾绝望地说：“孺子不可教也。”

托尔斯泰读大学时因成绩太差而被劝退学。老师认为他“既没读书的头脑，又缺乏学习的兴趣。”

假如这些人不是“走自己的路”，而是被他人的评论所左右，怎能取得举世瞩目的成绩？人生的成功自然包含有功成名就的意思，但是，这并不意味着你只有做出举世无双的事业，才算得上成功。世界上永远没有绝对的第一。看过马拉多纳踢球的人，还想一身臭汗在足球队里混吗？听过帕瓦罗蒂歌声的人，还想修炼美声唱法吗？其实，如果总是担心自己比不上别人，只想功成名就，那么世界上也就没有帕瓦罗蒂、马拉多纳这类人了。

太在乎别人的“评论”还有一个缺点，就是会使你做事放不开手脚，养成犹豫不决的性格。

假如一个企业家太在乎工人的“眼光”，他就不是一个强有力的管理者。在发奖金时，他会首先考虑到副经理会怎么想，科长会怎么议论自己，然后那些老工人会不会认为我不照顾他们，还有门卫会不会认为自己不体贴他。这样，不调整十几遍，奖金是发不下去的。如果是个歌手，上台之前就东想西想，一身衣服会换上十来次，最后还是带着疑惑上场，上场后发现掌声没料想的热烈，心里又嘀咕上了……这样的歌手肯定唱不好的。而如果是个外交官，那可能就被人家牵着鼻子走，把自己的国家都给出卖了。太在乎别人的“眼光”肯定会以失去自我、失去个性作为代价，没有自我、没有个性的人肯定成不了大事，也不可能知道自己的价值。

与人交往的最佳境界是不卑不亢，这样才能不失自我。一个小职员见到总经理时很可能拘谨得语无伦次，而当他跳出总经理的圈子，就可能是大方自如。当你太在乎别人的时候，你也不知不觉地失去了自我。在生活中，我们经常会发现，有些我行我素、对别人反应迟钝的人却往往很让人佩服，只要我行我素而不侵犯别人，他们总是很受人欢迎的。

实际上，追求一种充实有益的生活，其本质并不是竞争性的，并不是把夺取第一看得高于一切，它只是个人对自我发展、自我完善和美好幸福生活的追求。那些每天一早来到公园练武打拳、练健美操、跳迪斯科的人，那些只要有空就练习书法绘画、设计剪裁服装和唱戏奏乐的人，根本不在意别人对他们的姿态和成果如何品头论足，也不会因没人叫好或有人挑剔就停止练习、情绪消沉。他们的主要目的不在于当众展示、参赛获奖，而是自得其乐、自有收益，满足自己对生活美和艺术美的渴求。

以自己的方式去生活

请问，你曾为你的假期制定过怎样的计划？是一个电视计划、一个戏剧计划或一个旅游计划？还是……更合理地安排自己的时间。但是，假如速度比方向更重要的时候，不是很可笑吗？一边争分夺秒，一边却在大把大把地挥霍着岁月，甚至正在埋葬自己的梦想，这种做法难道不危险吗？这是因为他对于自己想要前进的方向考虑得太少的缘故。因为他不相信自己明天可以成为一个完全不同的人，做着与昨天和今天完全不同的事情。

我们的梦想和目标足以成为一种磁石，吸引万物和所有的人，使我们能逐渐将它变成现实。事实证明，这并非一件容易的事，可是每一位成功人士都有类似的经验。但是，仅仅是心血来潮是不够的，我们必须将自己的目标纳入自己的思想中。我们必须不断地想着自己的目标，相信它能实现。

这里有一个简单的窍门：我们想象着已经达到了自己的目标，这就是说，我们不光在思想上实现了它，并从感情上去享用它。每当我们以这种方式将注意力集中在我们的梦想上时，我们就在现有的起点与我们想要达到的目标之间架起了一座桥梁。每一次的想象都会加深我们的梦想成为现实的必然性，这种确信会转化为促成成果的实际行动。自信也会在此过程中得以加强，从而激励我们去寻找可行的方式和机会。

吉尔贝特·卡普兰在25岁时创办了自己的第一份杂志。他是一个完全醉心于工作的人，在15年的时间里，他把自己的杂志办成了发行量巨大的知名杂志之一。他几乎夜以继日地工作着。可是在他40岁时，他突然出售了自己的企业，出什么事了？

有一天，他听了马勒的第二交响曲，乐曲深深地吸引了他，唤醒了他内心深处沉睡已久的东西。更重要的原因是他认为应该重新演绎马勒的第二交响曲，他觉得缺了点什么，他听到的演奏不符合马勒的原意。

他出售了自己的企业，决定要成为一个指挥家。所有的专业人士都一致认为他的做法是一次希望渺茫的冒险。因为卡普兰在此之前从来没有做过指挥，也根本不会演奏任何乐器。一个甚至连乐谱都读不懂的经理——40岁——当指挥，这简直可笑极了！但是，这些批评意见动摇不了卡普兰的决心，他甚至将目标定得更高了：他要以一种全新的方式来演绎马勒的作品。

然后他就开始学习，他向最优秀的指挥家求教。他请了老师，不断地为自己的梦想而奋斗，只过了两年，他的梦想就成为了现实。1996年，吉尔贝特·卡普兰演奏了美国最成功的古典作品集，在同一年里，他作为一名受人仰慕的指挥家出席了萨尔茨堡音乐节的开幕式。

为什么有的人能让别人为自己工作，而另一些人却甘愿为别人卖力呢？区别就在于我们追求自己梦想的程度。当两个人相遇时，一般那个作出了真正的决策，并竭尽全力要实现自己的目标的人总是能最终影响另一个人，而且或多或少地让他跟随自己的脚步前进。将梦想抓得越紧，我们就会越坚强，连上天都似乎在以一种神秘的方式帮助那些目标明确的人。

聪明的人总是每隔一段时间就停下来问自己：“我是在体验我的梦想，还是在畏惧不前？”他们知道，作为自己生活的设计师，可以创造自己梦想中的未来。他们为自己规划与自己匹配的人生蓝图，他们懂得，过去以及现在都不等同于未来。即使手中握有的始终是同样的画笔，我们也能每时每刻描绘出一幅新的画卷。但丁说过：“熊熊烈火是从微弱的火苗中产生的。”

真心喜欢自己

假如说把世界上的芸芸众生，硬要分成两种人，你会怎样给他们分类呢？

其实，不论你用什么方法分类，世界上都不止两种人。不过，假如硬要分成两种人，那世界上真的就只有两种人了，那就是喜欢自己的人和不喜欢自己的人。

根据这个标准分类，恐怕有一大堆人要挤在不喜欢自己的人那一边，只有很少数的人能够开心地举手说："我喜欢自己。"

不喜欢自己的人，总有一箩筐的理由：我太矮、我有青春痘、我不擅长交际、我的学问不好、我家境清贫、我父母不体面……

而喜欢自己的人，却不一定说得出多么冠冕堂皇的理由。他们喜欢自己，并不盲目，他们不相信自己是十全十美，反而清楚地认识到自己和其他人一样，具有很多缺点。只不过，他们愿意接受自己的一切，一切的优点和缺点，不企图掩饰，不刻意改变；当然，更不会痴妄地羡慕他人。

喜欢自己，是快乐的起点。

人，天生不平等，有美丑胖瘦、高矮贫富，但是也有公平的一面，所有的好条件与所有的坏条件，都不会同时集中在一个人的身上。仔细思索，美丽的人或许太懒惰，以致一事无成；而能干的人可能过于操劳，损害了身体；富有的人纵情声色，未必能保有美满的家庭；有学问的人自律严谨，说不定也会失去发财的机会。这样想来，人人都有所得，却也不自觉地失去了什么。

最快乐的人，了然于人生的不完美，却又能在这不完美中，珍惜自己所拥有的一切。

“求全”本是人性的通病，拥有一份好工作，还希望能够赚取更多的钱财；拥有理想的婚姻，又盼望事业飞黄腾达；一旦做了富翁，又恨不得在报章杂志频频露脸，出尽风头；更有人，事业、财富、婚姻、爱情，所有的好东西都想全掌握在自己的手中。殊不知十全十美本来不是自然界的规律，月亮圆了会缺，春花开罢即谢，秋去冬来四时运转不息，不曾为任何一个美好的时刻所羁绊。人生也难求绝对的圆满，际遇有时顺有时逆，财富来时有如巨浪涌到，去时又如退潮的海滩，爱情、婚姻、事业既难样样美好，更难时时顺心。

生活在这样坎坷的命运里，难怪有很多人要怨天尤人，落入愤懑不平的行列中，对自己所拥有的一切诸多挑剔，整天笼罩在不快乐的阴影之下。

只有喜欢自己的人才知道，快乐的秘密不在于获得更多，而在于珍惜既有。能深刻检点自己所拥有的幸福，就会明白，其实人人都蒙恩宠，享有莫大的福气。

没有人能确切明白自己是不是真的受人欢迎，可是每一个人都可以扪心自问：你是不是喜欢自己？

心理学家凯特发现，要让他人喜欢真正的你，就应该培养喜欢自己的特质。或许你会感到十分惊讶，因为一般人认为可以吸引人的美貌、魅力、人际关系等等，并不是你需要具备的特质。

这个世界上有很多人生来既不美丽，又不富有，可是却能受到朋友的喜爱，最重要的道理是：他们真心喜欢自己。假如你能接纳心理学家凯特的建议，或许你也能轻易成为一个喜爱自己的人。

学习一个人独处的方法，不论一个人的年龄是大是小，能否面对孤独，正是对个人成熟度的最佳考验。成熟的人拥有独立的自我，不需要时时刻刻依赖他人，即使在孤独时，也能够坚强地妥善处理，流露出成熟的自信。而这种成熟与稳定的个性，正是一个人接纳自己、相信自己的象征。

必须将每个人当成不同的个体，我们往往在还没有清楚地认识一个人之前，就主观地先下结论：这个人一定很顽固，这个人恐怕不好相处，这个人说不定很挑剔……这些先入为主的印象，往往阻碍了我们去认清人们的本来面目。因此，抛开成见，学习去看清他人真实的一面，可以为我们自己赢得更多可贵的朋友。

挖掘快乐之源，快乐要自己找，它不会从天上自动掉下来。生活中有很多让人快乐的事物，你都可以去发掘。学习一种外国语、和朋友分享新的思想、去运动、参加有意义的社团、抽空去度假，这些快乐的途径，所费不多，却需要你运用智慧去享受。如果只是坐着抱怨生活枯燥，没有积极为自己创造快乐，那么很快你就会变成一个令人讨厌的人了。

不要讽刺他人，冷嘲热讽，不仅不能证明自己的聪明，反而暴露了自己是一个气度狭窄、自大又无能的人。贬低他人不等于抬高自己，真正受人尊敬的人，懂得认识每一个人的价值，不会轻易毁坏他人的名誉，而这种自重重人的态度，更是对自己有信心的表现。

对你很重要的事，即使他人不合作，你也要坚持到底，轻易妥协、随便放弃理想的人，或许表面看来处处都很和气，可是这种丝毫没有个性的人，往往不能得到人们由衷的佩服与喜爱。自认为值得争取的事，一定全力以赴，这样才能肯定自我的价值，进而喜欢自己的所作所为。

学习如何给朋友支援，自私自利的人，很难感受到人情的温暖。只有肯付出友情，肯帮助他人，乐于与人分享喜悦也分担忧愁，才能体会到人生的美好。

喜欢自己，其实很简单。你无需换上漂亮的衣服，装出讨人喜欢的面孔，说些迎合他人的言语，只要你静下心来，学习看重他人、看重自己，培养成熟独立的个性，你就向“喜欢自己”这个目标迈进了一大步。谁是这个世界上最重要的人呢？答案当然是：你自己。你在忙着想赢得整体世界的肯定之前，别忘记先讨好最重要的一个人——学会喜欢自己，接纳你自己吧！

做个自由人

“没事汉，清闲人”即是中国古人富有哲理的处世哲学。自觉追求淡然恬静，荣辱不惊，毁誉不上心，按自己的原则做人，的确优哉游哉。人生一世，主观上不同的追求，决定人们不同的命运。有的人顺应己心，淡然恬静。也有的人，追求功名利禄，整天考虑别人如何评价自己，活得辛苦、一生疲惫。何不做一个自由自在的人呢？

在整个社会、人类群体之中，人是很“渺小”的，又是很“高大”的。要尽量把小我融入大我之中，必要时甚至可以达到忘我的境界。但在自然之“我”与精神之“我”这对关系中，又应强调精神之“大我”。物质生活贫瘠，精神生活却该富有。外界有很多有形无形的枷锁，精神意志却是自由飞翔。

庄子说：“泽雉十步一啸，百步一饮，不蕲畜乎樊中。神虽王，不善也。”山鸡宁愿十步或百步后才能寻到食物，也不愿意关在笼中做一只家鸡。帝王虽然神圣，却没有什么好处。西方的“存在主义”代表人物萨特在他的《苍蝇》一剧中，借神仙来庇特之口说：“神与国王都有痛苦的秘密，那就是人类是自由的。”萨特和庄子远隔万里，思想上却不谋而合，都体现了对自由的推崇。

自由本身是创造。自由是意志上的自由，一个人思想意志得到了自由，他就能够焕发出极大的创造力，擦亮思想的火花，就会得到很多的收获。萨特又说："一旦自由在一个人的脑子里爆炸开，上帝对这个人也就无能为力了。"

自由是个性。一个人无论套着多重的枷锁，只要他的思想意志是自由的，他就是一个自由人。一个人有了自由，他就会有独特的生活态度、生活方式。有个性的人汇集起来成为集体，国家和民族肯定是欣欣向荣、蓬勃生机、繁荣昌盛的面貌。

自由是财富。有人这样说，自由是宝贵的财富。"清闲人"不是游手好闲，而是精神自由的人。"放弃自己的自由的人，就是放弃自己做人的资格，放弃做人的权利，甚至放弃自己的尊严。"自由不是随心所欲，任何自由都是有限度、有规划的。

自由是顺心尽兴。怎样才能顺心尽兴？不是"不学无术"，而是有所追求，不贪心，不怒发冲冠；要顺心，但是不违心，不同流合污。人生无论是大的还是小的，总要追求些什么，完全浑浑然无所求的人几乎没有。人要生存，要生活，就离不开物质条件，适当的物质追求也是无可厚非、天经地义的。即使功名利禄，只要是付出而得，也是受之无愧的。但是对物质的追求，假如贪心不足，必然变成永无止境的追求，并以此来作为人格追求、价值追求。

《十五的月亮》歌词中"军功章有你的一半"，是赞扬边防战士之妻为祖国做出的奉献，公平地衡量了"一半"加"一半"的分量，妻子的心里自然有一份骄傲和满足。现实生活中，人在内心的满足是健康的极其重要的保证。因此，人生不可压抑人性、克服自由而违背了自然规律，辜负了自己，甚至摧残了人生。

自由也是和谐。既然知道自由的可贵和重要，人们就会珍视它，并自觉地维护自由，以创造更加和谐的局面。

充分给自己广阔的空间，不要让别人左右自己。

其实，工作忙与不忙和心理紧张与不紧张，两者之间是有关系的，但并非一回事。有人工作很忙，其心理却不一定十分紧张；有人工作不太忙，其心理却可能很紧张。这是因为人的特点有所不同。人可以分为两种类型，一种是“赛马型”，整天承受压力，只有过着紧张、忙碌的生活才感到舒心；另一种是“乌龟型”，要求在和平、安逸、轻松的环境中生活。如果你属于赛马型，那么就能承受工作的忙碌而不必放慢生活节奏。减少工作量，紧张与不紧张，就像鞋子的大小一样，只有穿在自己的脚上才知道。

因此，我们不必按照别人的方式去生活，只要自己过得舒服即可。